TRAIN DE PLAISIR

A TRAVERS

L'EXPOSITION ARTISTIQUE

DE LIMOGES

FRÉDÉRIC DES GRANGES

L'ART EN PROVINCE

TRAIN DE PLAISIR

A TRAVERS

L'EXPOSITION ARTISTIQUE

DE LIMOGES

— Peinture, Sculpture, Céramique —

(Mai 1864)

« Les arts s'appellent les *beaux-arts* parce que leur seul objet est de produire l'émotion désintéressée de la beauté.... Ils s'appellent encore *arts libéraux* parce que ce sont des arts d'*hommes libres*, et non d'esclaves, qui affranchissent l'âme, charment et ennoblissent l'existence..... »

(V. Cousin. — *Du Vrai, du Beau et du Bien.*)

« Qui possède un art peut dire qu'il est *grand seigneur*... Les artistes sont les véritables grands seigneurs dans chaque nation.. »

(D'Herbelot. — *Maximes orientales.*)

PARIS
LIBRAIRIE ACADÉMIQUE
DIDIER ET Cie
35, quai des Augustins, 35

LIMOGES
CHAPOULAUD FRÈRES
IMPRIMEURS
7, rue Montant-Manigne, 7

1864

A

NOTRE AMI ET CHER MAITRE

ARSÈNE HOUSSAYE

INSPECTEUR GÉNÉRAL

DES MUSÉES DE PROVINCE

DEUX MOTS AU LECTEUR

SORTE DE PRÉFACE

Quand nous osons prendre pour titre de ce mince ouvrage : *Train de plaisir à travers l'exposition artistique de Limoges*, nous entendons, remarquez-le bien, l'unique rapidité du voyage. Chacun sait les déceptions ou les surprises, les accidents, les fatigues imprévues qui changent parfois en pénible corvée la plus séduisante partie de plaisir. — Notre noble but est de continuer, dans la faible mesure de nos forces, l'éducation artistique, déjà si parfaitement entamée, de notre chère province. Or tout jugement sur la peinture est sans contredit le plus dangereux écueil contre lequel la plume puisse se briser. Aussi fuirons-nous soigneusement, dans le cours de cette étude, certaines banales expressions, telles que : *gamme*, *palette*, *voulu*, *rendu*...., etc., et autres formules toutes chevillées, qui, sous une fausse et misérable apparence d'érudition, cachent presque toujours le vide et l'indigence de la pensée.

Notre œuvre est des plus séduisantes, car, en dépit de l'ironie de nos temps, le culte des Beaux-Arts réside au fond de l'âme humaine. Le roi du goût et le démon du christianisme, Voltaire, n'a-t-il pas dit quelque part : *Tant de livres faits sur la peinture par des connaisseurs n'instruiront pas tant le public que la seule vue d'une tête de Raphaël... ?* Mille fois oui !.... l'instinct du beau est si profondément enraciné dans le cœur humain qu'il va droit au chef-d'œuvre, le reconnaît d'un coup d'œil, le juge et l'admire sainement. Nous ne serons donc le guide du lecteur qu'autant que sa pensée rencontrera la nôtre dans le cours de ses libres appréciations. Nous nous bornerons aussi à parcourir en quelques pages le livret, que des travaux multipliés ne nous permettent pas d'épuiser ; trop heureux si, dans cette course rapide, nous réussissons à montrer les grandes lois esthétiques qui gouvernent nos goûts, éclairent notre enthousiasme, expliquent nos inflexibles mais cordiales sévérités.

F. D. G.

TRAIN DE PLAISIR

A TRAVERS

L'EXPOSITION ARTISTIQUE

DE LIMOGES

I.

GRANDES TOILES. — GRANDE PEINTURE.

Foires et *Chevaux* de Luminais. — *Femmes de Capri* de Reynaud. — *Venise dans les chaînes*, par Appert.

Pas de préambule! — Allons droit et d'un coup d'œil au dernier plan de notre remarquable galerie. Les grandes toiles nous crèvent les yeux. Voici d'abord le *Marché aux chevaux* de Luminais. Quelle vigueur! quelle ordonnance! Ils sont là tout frémissants nos vigoureux et inestimables percherons.

prêts à descendre de leur cadre pour hennir et fringuer dans la galerie. Les robes sont variées, bien assorties, vraiment harmonieuses : nous apercevons tour à tour l'alezan, le gris-fer, le bai-brun, le pommelé, toute la *gamme chevaline* (ciel! nous y voilà déjà pris : il ne faut jurer de rien). La scène de ce grand marché est agencée de main de maître. Partout circulent la vie, l'entrain, la vérité, l'exactitude. Au premier plan, à gauche, un malin médite une acquisition, tandis que le palefrenier montre sa bête, et fait l'article. La figure matoise du marchand est très-vraie, parfaitement venue. Insensible au bavardage du palefrenier, la main sur le menton, il convoite d'un air pensif et débonnaire un gros percheron des mieux campés sur son avant-train (tel le naïf Machiavel devait méditer ses charmants petits ouvrages *ad usum principis*). A droite, et sur le même plan, un autre industriel, très-exactement représenté, tient en laisse deux petits dogues bouffis et trapus, qui, pour le service domestique, valent certes, dans leur genre, leurs confrères de la race chevaline. Le propriétaire de ces deux roquets dialogue vivement avec un écuyer en blouse qui a enjambé sa bête de la jambe droite, puisqu'il fait face à... (y a-t-il des Anglaises dans la galerie?)... puisqu'il fait face à la croupe. La foire aux chevaux est au grand complet dans ce grand cadre ; tout y est à sa place jusqu'au *Pandore* du second plan, dont la benoîte figure, au lieu de semer l'épouvante dans les rangs tapageurs, semble dire au public : « Amusez-vous!... trémoussez-vous! vendez et achetez!... *citoyens, vous avez raison.* »

M. Luminais comprend ce noble ami de l'homme, qui meurt ou caracole avec son maître sur le champ de bataille ou sur le turf. Ce n'est ni le cheval héroïque du grand et infortuné Géricault, ni le vaillant coursier de bataille de Gros : c'est ce modeste serviteur à l'encolure herculéenne, à l'allure calme et soutenue, qui traîne aisément l'omnibus parisien. Êtes-vous pressé par les affaires, appelé au boulevard par le plaisir,... soudain apparaît une maison roulante à deux étages... : pour une obole, deux frères percherons de la famille Luminais vous emportent à toute heure à toutes les barrières.

M. Luminais serait digne d'approvisionner les écuries de la compagnie de l'Ouest, dont tout Paris connaît et apprécie les superbes pensionnaires. Nous ne pouvons mieux trouver que cette plate comparaison pour dire la vie et la force de ce marché sur toile. Au point de vue purement pictural, nous mettrons une certaine mesure à nos éloges. Tous ces coursiers d'omnibus sont franchement peints ; mais ils manquent parfois de modelé, surtout dans les croupes. Quant aux *rosses du bon vieux temps*, qui traînaient la patache, faisaient les pèlerinages, et versaient en famille, elles auraient besoin, pour marcher un peu, d'une forte ration d'avoine.

Un dernier mot :

Si, d'après l'éternelle parole de Platon, *le beau est la splendeur du vrai*, M. Luminais est un grand artiste.

La personne dont le cœur bat le plus près du nôtre nous disait un jour : « Trois chefs-d'œuvre dans la nature : une belle femme, un beau cheval, un ruisseau ! » Cette juste et grande remarque nous servira d'honnête transition pour présenter nos hommages aux *Femmes de Capri* de Reynaud.

Après avoir été au marché de M. Luminais, saluons les dames!... Tout à l'heure nous suivrons le courant du ruisseau.

Nous sommes à l'extrémité du golfe de Naples, sur les rochers escarpés de la délicieuse Capri, villégiature ordinaire des grands hommes en non-activité de service. Un brûlant soleil grille et embrase tous les environs, fondus en un magique effet lumineux. Vous concevrez que de brunes Napolitaines si bien illuminées doivent posséder le teint ardent, la chevelure d'ébène. Ainsi nous apparaissent les deux femmes de Capri, colorées.

vivantes, anxieuses, au désespoir... Pourquoi? — C'est que l'accès de Capri est périlleux, difficile. Sans doute les maris sont en mer; après un jour si brûlant, l'orage doit éclater. Déjà quelques oiseaux de sinistre augure tourbillonnent sur le ciel encore uni. Comprenez-vous alors que, si le temps devient gros, le cœur des pauvres Napolitaines le devienne aussi? L'une, affaissée à droite, au premier plan, ne montre qu'une luxuriante chevelure et de fortes épaules. Il nous serait donc difficile de juger de son émotion. L'autre apparaît de profil, agite un fuseau, tandis qu'un *bambino*, futur *lazzarone*, se cramponne tout debout au sein maternel sans faire usage de ses deux petits bras. Tel le jeune Gargantua, brisant maillot et berceau, surprenait son père Grangousier au milieu d'un banquet dont il prit, dit-on, sa modeste part.

La peinture de M. Reynaud nous agrée par sa forte couleur, sa touche vigoureuse, son accent tout particulier. Mais, *bone Deus!* que vient faire au pied de Capri ce vase plein de je ne sais quelle variété de primevères?

Tant que nous sommes en Italie, remontons à l'extrémité de l'anse Adriatique, jusqu'aux lagunes de Venise la Morte. L'allégorie de M. Appert nous montre une créature éplorée clouée sur l'aride rocher, les mains prises dans la menotte autrichienne. C'est un beau sujet *sculptural*, et voici comment nous le proposons : — au lieu de la malheureuse captive de M. Appert, une belle et forte Vénitienne, campée en face du quadrilatère, brisant ses fers d'un seul effort pour resplendir de nouveau en reine du monde artistique et industriel. La cité des Gentile, des Bellini, des Giorgione, des Titien, des Tintoret, des Véronèse, foulerait aux pieds la botte autrichienne, et sortirait enfin du *carnaval* de la servitude. Deux groupes : à droite, l'Ordre, la Liberté ; à gauche, les Arts, l'Industrie..... — Mais revenons à M. Appert. Il est élève de M. Ingres : c'est assez dire qu'il suit la *ligne* droite et la bonne *ligne*. Toutefois, s'il faut abriter la fantaisie sous de *grands principes*, souvenons-nous que l'artiste est nul sans deux qualités, la *fougue* et la *couleur*.

Monsieur Appert, votre Venise est assez bien venue ; mais elle nous semble trop molle et trop endormie pour opérer sa délivrance.

II

GRANDES TOILES. — PETITE PEINTURE.

Interminable visite de l'Empereur aux blessés de Solferino, par Théodore Véron. — *Hercule au pied du mât de Cocagne*, *Omphale hystérique*; — *Dégringolade de Kabyles*, par Gustave Boulanger. — *L'estimable Diogène chez Laïs*, par James Bertrand.

Un trop grand nombre d'artistes contemporains nous semblent infiniment plus préoccupés de conclure les grandes affaires que de traiter le grand art. Parmi ces peintres ordinaires d'état-major, M. Véron, nous sommes obligé de l'avouer, se place au premier rang. Quel peut être le sens artistique de cette toile démesurée qui encombre la galerie? Par quel prestigieux tour de force peut-on loger si peu d'art dans un cadre d'une telle dimension? L'auteur intitule cette fantasmagorie : *Visite de l'Empereur aux blessés de Solferino*. Saurait-il être permis à un artiste de traiter si lourdement une des plus belles pages de notre histoire contemporaine? Nous ne connaissons, pour notre part, aucune scène militaire plus froide, plus antipittoresque.

Entouré d'un état-major qui semble sortir du cabinet de toilette, l'Empereur a l'air de passer une revue sur la place du Carrousel. Au second plan, un chirurgien armé d'un flacon part du pied droit, au pas de course, pour exécuter je ne sais quelle manœuvre d'infanterie. S'il arrive jamais auprès d'un blessé avec cette allure gymnastique, nous affirmons que c'est un équilibriste tout prêt à continuer Auriol ou Blondin; et, si les malheureux frappés par la baïonnette n'ont d'autre consolation que cette interminable visite, leur agonie sera terrible : mieux vaut les achever sur-le-champ.

Nulle vérité, nulle distribution, nulle couleur sur cette toile d'un kilomètre. Lebrun, Gros, Vernet, Bellangé, Pils, ont écrit soit une grande bataille, soit un choc impétueux, soit une mêlée, soit un assaut, soit une rencontre, soit une escarmouche : qu'a prétendu peindre M. Véron? Nous n'osons pas le dire, tant il nous répugne de battre la caisse avant la foire!

Mais, en vérité, c'est être mille fois trop débonnaire que de discuter sérieusement cette méchante toile : elle ne vaut pas l'énorme clou qui la suspend. Tout y est mou, inerte, sans charme, sans perspective. Nous nous trompons.... : ce qu'il y a de plus vivant, ce sont les cadavres qui encombrent le premier plan. Puisque la trop galante Commission a reçu, par politesse, cette longue visite de *Solferino*, il est plus que temps de lever la séance, et de céder la place aux petits artistes qui font du grand art.

Il nous en coûte d'autant plus de flageller avec cette impitoyable rigueur l'œuvre franchement mauvaise de M. Véron que la froide et gratuite malveillance n'est certes pas un vice dont nous soyons coutumier. Osons le dire bien haut : si quelqu'un apporta jamais dans une appréciation artistique une entière et souveraine indépendance, c'est à coup sûr celui qui trace ces lignes, inébranlablement sincères. Mais, pour emprunter le mot déjà célèbre d'un homme d'État contemporain, l'apologie constante sans critique libre et sévère est *un navire sans lest*. Depuis quelque temps, il devient de mode, dans un certain monde artistique, de décliner avec le plus souverain mépris la compétence des *littérateurs*. Le mot de Mirès : *Nous voulons être jugé par nos pairs*, a fait son chemin dans les ateliers : « De quoi vous mêlez-vous? — Prétendez-vous juger les œuvres de peinture sans être peintre vous-même, etc., etc.? » — Ce qui revient à dire : « C'est l'accusé qui doit prononcer son jugement dans sa propre cause; c'est moi qui dois m'adjuger le prix Monthyon si je m'estime un Vincent de Paul, une sœur Rosalie, ou une Fleurat de Saint-Yrieix ». — Il est grand temps de jeter à la friperie toute cette défroque de lieux communs, que ne ramasserait pas dans sa hotte le digne père Prud'homme lui-même. Se figure-t-on Géricault prononçant sur David, Ingres jugeant Delacroix, Bouguereau discutant Chavannes, Oudinot commentant les chapelles de Chasseriaux? — Nous imaginons qu'un pareil conciliabule a dû produire autrefois la confusion de Babel, alors que les inhabiles maçons et architectes dialoguaient sans doute sur les arts, au lieu d'élever leur pyramide. Le peintre, le sculpteur, le statuaire, ne s'affranchiront jamais des préjugés d'école, qui consistent à ramener tous les principes esthétiques vers un centre unique, la *préférence individuelle.* En matière d'art, il faut au juge un recueillement, une indépendance, qui ne se rencontrent ni dans le tourbillon ni dans la camaraderie de l'atelier. Savent-ils bien, ces illustres contempteurs de la littérature mêlée à leur art, que, sans avoir jamais touché un pinceau, certains hommes de cœur et d'étude passent leur vie à s'assimiler les chefs-d'œuvre, soit par le noble enthousiasme, soit par l'inexorable critique, soit par la lente décomposition des moindres détails? Le peintre jugera le confrère ou le rival : — le curieux, l'érudit, l'humoriste, planant au-dessus des rivalités, n'apprécieront jamais que le génie, la science, ou la séduction d'un genre original. Certains détails, ou plutôt certains termes de métier, leur échapperont sans aucun doute; mais ils couveront un chef-d'œuvre, ils briseront le vase d'argile d'une main plus caressante ou plus ferme que celle de l'artiste, presque toujours garrottée par une invincible complaisance ou une aveugle jalousie. Du reste, le fin bonhomme La Fontaine a résumé la question dans sa fable du *Hibou fier de sa lignée*.

« Mais vous vous fourvoyez dans les systèmes! Jamais vous ne nous comprendrez à fond! »

Axiome. — Les incompris sont ordinairement incompréhensibles.

Loin de nous l'audacieuse et coupable pensée de déshonorer un mot qui a servi de devise à quelques malheureux pliant sous le poids de la vie, c'est-à-dire de la lutte incessante! mais, sauf trois ou quatre grandes infortunes exceptionnelles, depuis l'origine du monde jusqu'à nos jours, le génie a toujours éclaté, comme le soleil, par sa propre lumière; le talent lui-même, pour peu qu'il fût véritable, a vu le jour comme la pâle étoile du matin. — Si vous redoutez la critique, si vous êtes incompris, c'est donc que vous êtes indéchiffrable : n'en parlons plus. Lorsque des Winkelman, des Cousin, des Vitet, des Quatremère de Quincy, ont honoré les arts par leurs travaux herculéens, l'écrivain qui se propose humblement d'entrer à leur suite dans la mêlée littéraire pour vouer sa vie aux mêmes grands intérêts, celui-là doit courageusement affronter la lutte, sans le moindre souci ni des amours-propres froissés ni des haines implacables. Il importe d'enraciner ces vérités dans toutes les têtes. — Rien n'est plus éminemment dangereux pour l'artiste que la sotte louange prodiguée par la tourbe des obséquieux ou des complaisants. Depuis quand, pour une pesée régulière, ne place-t-on qu'un poids dans la balance? Que vaut, dans un procès, la déposition du demandeur sans contrôle préalable ni sérieuse discussion? Nous devinons la réponse des nos lecteurs, dont le bon sens tout français et tout limousin nous approuve sans conteste. Aussi, dans le cours de cette rapide revue, prétendons-nous valider nos éloges par l'indépendante critique des œuvres mauvaises.

Que dire, par exemple, de l'exposition de M. Gustave Boulanger, élève de Paul Delaroche, premier grand prix de Rome (1849)?

Pour nous mettre bien à l'aise, constatons tout d'abord et proclamons bien haut les incontestables qualités qui, dans le royaume trop encombré de la peinture contemporaine, distinguent M. Boulanger de messieurs ses confrères. Il possède un véritable tempérament de vaillant artiste; ses œuvres sont articulées, réfléchies, de tous points sérieuses. Les importantes toiles qui lui valurent ses légitimes succès académiques, — *Ulysse reconnu par Euryclée*, — *Jules-César au Rubicon*, — *le Maëstro Palestrina*, — indiquent un goût bien prononcé pour la robuste peinture. Comment donc s'expliquer qu'un artiste si réellement doué, en peignant *Hercule dompté par Omphale*, ait commis une si grossière erreur? Le colosse de l'antiquité qui tua l'hydre de Lerne perça de ses flèches les oiseaux du lac Stymphale, enleva les pommes d'or des Hespérides, défit les Amazones, chassa Cerbère des enfers, etc.; ce même colosse plia comme un pygmée ou comme un simple nain jaune sous la main d'Omphale. (Que les femmes viennent gémir d'être exclues des gouvernements!.. Ne gouvernent-elles pas les hommes?) — Hercule fila aux pieds d'Omphale pour obtenir ses faveurs; mais nous estimons trop le héros antique pour croire qu'il n'eût pas assassiné la reine de Lydie, comme son ancienne épouse Mégare, s'il eût entrevu (le malheureux!) l'horrible grimace qui contracte les traits de sa belle. C'est à fuir chez Pluton, au fond du Tartare. La très-réjouissante Omphale a travesti son Hercule en lorette de

Bréda ; elle l'a revêtu d'une chemise de fine batiste ou de blanche mousseline, tandis qu'elle endosse, pour sa part, la fameuse fourrure du lion de Némée. Quelle mascarade indigne de l'opéra!

Pour achever cette scène de carnaval olympien, Hercule, tout huilé sous son peignoir transparent, semble se préparer bravement à grimper au mât de Cocagne. Au lieu d'une montre, d'un jambon ou d'un rasoir, le prix de l'ascension sera sans doute un baiser d'Omphale, pris au bout de sa quenouille... Cette quenouille est au bout d'un bras raccourci (oh! mais raccourci!) il ne mesure certes pas dix centimètres. Joignez à cela que notre Hercule filant, dompté sous la main gauche de sa reine Omphale, baisse la tête comme un pénitent feuille-morte. Voilà pourquoi, triple imbécile, il reste aux pieds d'une convulsionnaire qui eût fait prendre la fuite à Chodruc Duclos.

Si, par un bien méritoire effort d'imagination, nous pouvions abstraire le trop plaisant sujet du tableau fantastique, il ne nous resterait qu'à louer la virilité de cette peinture : les muscles d'Hercule sont aussi saillants que lorsqu'il entreprit ses douze travaux sous le règne du bon prince Eurysthée. Mais l'antithèse entre la faiblesse domptant la force ne suffit pas à excuser la disgracieuse Omphale tombant en attaque d'hystérie..., mauvais moyen de séduction!...

Nous préférons à tous les Hercules, à toutes les Omphales mythologiques, cette peinture étrange, si virilement accentuée, qui représente une *Déroute de Kabyles*. Les souples et libres enfants du désert, relancés par une poignée de zouaves, dégringolent magistralement le long d'un roc sablonneux. Le plus habile de la bande, pour mieux opérer sa descente, exécute un saut périlleux en véritable Léotard saluant sa galerie féminine. A coup sûr, cet intrépide clown arrivera le premier. Nous avons eu un avant-goût de cette brillante fantasia, l'hiver dernier, au cirque d'hiver de M. Dejean. Une héroïque tribu de Beni-Zoug-Zoug, renforcée de quelques titis parisiens, exécutait chaque soir, avec une indescriptible *furia*, des exercices variés sur poignards et carabines. C'était à donner le vertige ou plutôt le frisson aux spectateurs de la première banquette , lorsque voltigeaient au-dessus de leurs têtes des carabines de la longueur du cadre de M. Véron. Les honnêtes lions de Crocket semblaient d'innocents agneaux auprès de ces indomptables Beni-Zoug-Zoug.

Ceux de M. Boulanger ont un grand et noble caractère. Une telle retraite, si lestement opérée, vaut bien une petite victoire. Mais à quoi pensent nos zouaves du dernier plan de ne pas brûler un peu comme des moineaux ces pauvres Kabyles si bien en joue? Un coup de feu renversant un des braves Africains eût complété et agrandi la scène, déjà si particulièrement frappante. Mais, tout invincible et tout légendaire que la France l'ait fait, le zouave s'arrête là où s'arrête la charge à la baïonnette. Nous ne conseillerons pas au peloton de M. Boulanger de lutter au pas de course avec les Kabyles ou Beni-Zoug-Zoug. — Cette superbe dégringolade vaut mille fois l'ascension d'Hercule au mât de Cocagne.

Avez-vous remarqué, ami lecteur, — c'est le vieux mot, mais c'est le bon, — avez-vous remarqué le digne voisin d'Omphale? Ce ne pouvait être que Diogène, de cynique mémoire, qui ferait bien de passer aux pieds d'Omphale. Lui seul saurait l'aimer et la *comprendre*. Et chez qui ose-t-il pénétrer cet héroïque sans-culotte?... Je vous le donne en mille... Chez Laïs, chez l'incomparable Laïs, professeur ordinaire de philosophie athénienne et maîtresse d'Alcibiade. L'illustre chiffonnier Diogène, qui, du haut de son noble mépris de l'humanité, avait laissé tomber la fameuse parole : « *Je cherche un homme* », cherche sans doute, pour varier un peu, une jolie femme. Il ne manque certes pas de goût; mais comment Laïs ne jette-t-elle pas à la porte ce maître-voyou avec sa guenille et sa lanterne? C'est d'une bonne âme, mais d'un vilain esprit. Du reste, elle est mal en train la superbe

Laïs. Il faut avoir la migraine pour s'asseoir ainsi sur l'échine de son amant en présence de Diogène, d'une esclave négrillonne et de deux eunuques ahuris. Tout ce que nous pouvons dire de cette peinture de M. James Bertrand, c'est qu'elle est estimable et correcte. L'éloge n'est certes pas démesuré. Qu'il rentre donc au plus vite dans son tonneau l'affreux Diogène, et qu'il ne reparaisse jamais au soleil limousin.

Et maintenant *sursum corda!*..... Passons à la peinture religieuse.

III.

PEINTURE RELIGIEUSE.

La peinture religieuse existe-t-elle de nos jours? — Trait-d'union entre l'antiquité et le romantisme contemporain. — *Vierge au Calvaire* et *Bonze cochinchinois* de Lenepveu. — *Ave Maria* de M. de Curzon. — *La Communion*, souvenir de Ravenne, par Barrias. — *Daniel* ou *Crocket dans la fosse aux lions*, par Bellet du Poisat. — *Apparition du Christ à la Madeleine*, par Puvis de Chavannes. — *Mater dolorosa* de Legrand. — *Radis* et *Concert de poésie* de Jacquand. — *Consolatrix afflictorum* de Landelle. — *Ruth et Noëmi* de Lévy. — *Sœurs de charité* de Serres et Lobbedez. — *Orphelins* d'Holtzappfel. — *La Mort d'un Capucin* de Leleux.

La peinture religieuse vit-elle encore par ce temps de grossier réalisme? Le souffle empesté d'un siècle pervers n'a-t-il pas depuis long-temps tari les sources rafraîchissantes des chrétiennes inspirations? L'art sévère des nobles penseurs n'a-t-il pas succombé sous l'influence des peinturlureurs du XVIIIe siècle, Watteau, Boucher, toute la pléiade Pompadour? — Mort et décadence! L'art religieux est au tombeau, etc., etc....

Entendez-vous la meute anti-artistique proférer contre notre grand siècle injures sur injures, basphèmes sur blasphèmes, comme l'aveugle irrité contre le soleil, qu'il n'a jamais aperçu? La plus simple et la seule réponse à faire à ces obstinés est de les mener, si leur conscience les y autorise, devant la belle exposition *religieuse* de Limoges. — Mille fois non! l'art chrétien ne périclite pas de nos jours. Pour avoir rompu, par Géricault et son cher Delacroix, la chaîne de l'antiquité, mal renouée par David et son école, notre siècle n'en est devenu que plus incontestablement original. Quel est notre grand programme moderne? — Nous l'énonçons en cette seule ligne : transfigurer la forme antique, trop calme pour nos orages quotidiens, en réservant intactes le noble *esprit athénien* et la *conviction chrétienne*, ce dernier mot du plus pur spiritualisme : tel est notre but. Hugo ne tue pas Racine; Verdi ne supprime ni Gluck ni Mozart; Géricault ni Delacroix ne renversent ni Ingres ni David. Sans tomber dans les honteuses confusions de l'éclectisme contemporain, le génie peut se définir : la force et l'originalité *personnelles* soumises *aux lois* éternelles et immuables qui régissent l'art sacré. — Le *genre*, isolé des vrais principes généraux, fût-il tout neuf ou même révélateur d'un côté particulier, ne suffira jamais à créer le talent. Voyez Le Sage, Musset, Topfer, Stendhal, Poë, Stern, Paul-Louis Vigneron, le grand de Maistre, — *c'est-à-dire Xavier;* — voyez Rembrandt, Metzu, Lierris, Meissonnier!... Qu'on ne s'y méprenne donc jamais : ce serait une impardonnable erreur d'imaginer que la verve, l'entrain, la couleur, la fougue et l'*humour* ont seuls façonné et grandi ces originales individualités. Bien loin de là!... le bon sens, la ligne, l'étude, les principes artistiques, n'ont certes failli à aucun d'entre eux. Gouvernés par les lois de l'harmonie générale, ils ont formé le trait d'union entre l'idéal et la réalité, en embrassant d'un même coup d'œil l'ensemble et le détail.

Il suit de ce brin de théorie, cher et béni lecteur, que, en matière de peinture surtout, la tradition antique doit marcher de front avec l'esprit nouveau. Ce remarquable vers de M. de Laprade :

Beau vase athénien, plein des fleurs du Calvaire,

fait la noble devise de notre époque, tantôt méconnue, tantôt aveuglément compromise par les inqualifiables injures de certaines aveugles coteries, sans la moindre action sur notre France. Ainsi la véhémente peinture romantique n'altèrera jamais la grande vieille école, toute de pensée et d'expression, des Lesueur et des Poussin, dont il reste encore de glorieux vestiges.

Nous ne saurions dire, par exemple, avec quel véritable bonheur nous avons salué l'œuvre franchement spiritualiste de M. Lenepveu. Depuis dix-neuf siècles, il existe dans le monde un maître-sujet pictural, qui l'emporte infiniment sur toutes les fadaises mythologiques marquant la décadence de l'art. Cette scène de rédemption a toujours eu pour insigne honneur et rare privilége les dédains de tous les pygmées philosophiques ou artistiques de tous les temps. Parfois néanmoins il se rencontre, pour l'honneur de l'art, quelque vaillant artiste imprégné, comme M. Lenepveu, de la vivifiante pensée chrétienne. Cet heureux privilégié saisit alors son pinceau d'une main ferme, et trace de tout son cœur la sainte histoire du Calvaire.

Le *Calvaire* qui cette année nous arrive de Paris a un grand caractère, un assez beau style, une faible couleur. Le Christ notre Seigneur, touchant à la dernière heure de sa divine agonie, plante sa croix pour le monde, et, en face du monde, il inscrit avec son sang ces trois mots incorruptibles et ineffaçables : *Liberté, amour, affranchissement!* tandis qu'un soldat de la horde de Pilate semble lui répondre par l'argument bien connu : *La force de l'épée!* Au pied du Calvaire, Marie, Jean et les saintes femmes pleurent un fils, un maître, un

Dieu. Les figures ont, chacune dans leur ton particulier, une suffisante noblesse, une calme agonie, une clairvue divine.

Nous eussions voulu pourtant moins de faux éclat, moins de rouge, de groseille et de violet, plus de souplesse dans les draperies. Ceux et celles qui voyaient expirer un Dieu ne se drapaient pas ainsi à la Talma.

Qu'est-ce, en second lieu, que ce *Bonze cochinchinois* porté sur un brancard par une demi-douzaine de moines multicolores? — Le *Pape*, répond le livret; *le Pape à la chapelle Sixtine*. Va pour la chapelle Sixtine! Elle nous semble fort exactement dessinée : les piliers, les cintres et les voûtes se tiennent, se supportent mutuellement avec la plus grande solidité. Mais la bonne maçonnerie ne suffit pas à excuser cette pompeuse procession sans la moindre pompe artistique. Ce bonze doré raidi sur son brancard ne peut être le *Saint-Père* : — c'est le veau d'or!

Pour le châtier d'avoir mis au monde son affreux *Bonze cochinchinois*, le mauvais larron Lenepveu sera crucifié, si l'on nous écoute (*adeste, fideles*, — traduction libre : *écoutez, mesdames*), sera crucifié, disons-nous, sans miséricorde, sur une des parois de la vieille église de St-Pierre. Comme *la Vierge au Calvaire* serait bien à sa place dans la métropole de l'abbé Delor, apôtre si justement chéri de ses fidèles! Si l'œuvre éminente de M. Lenepveu ne reste pas à Limoges, ce ne sera certes point la faute de la Société des Beaux-Arts, mille fois plus soucieuse qu'on ne le pense (et malgré Bouguereau) des intérêts religieux de notre chère province. Elle prétend en effet consacrer à l'acquisition du *Calvaire* une journée de recette, évaluée à un *minimum* de *mille francs*. Les pieuses et irrésistibles paroissiennes de Saint-Pierre trouveront le reste, n'en doutons pas.

La pieuse et jolie voisine du *Calvaire* - Lenepveu, en vraie sainte femme et bonne mère chrétienne, fait épeler à sa ravissante petite fille la plus délicieuse des prières lorsqu'elle n'est pas trop souvent égrenée sur le rosaire, l'*Ave Maria*. Cette remarquable peinture de M. de Curzon est empreinte d'un accent religieux tout particulier: les physionomies respirent un air de calme et de candeur qui élève la pensée, repose l'âme des stériles agitations païennes. L'adorable enfant qui balbutie l'hymne à la vierge Marie sur les genoux maternels ressemble d'une trop frappante façon à la *Petite fille de Galinaro*; mais deux sœurs jumelles du même père doivent respirer naturellement le même air de famille. Que de naïve séduction sur ce délicieux petit visage! C'est bien là l'ange à peine échappé du ciel, ignorant la vie humaine, dont le cercle ne dépasse pas encore le sourire et l'enseignement maternels, maris et ménages ne paraissant pas encore à l'horizon... Épelle ton *Ave*, chère petite, avant de parler l'inepte jargon du monde, qui plus tard regardera tes épaules et ta dot, — mon Italienne! — sans apercevoir jamais ton âme ni ta candeur!

La tête de la mère est au repos, — très-bien! — mais nous découvrons à regret, dans le pli de la lèvre supérieure, une certaine afféterie qui déflore et rompt tant soit peu la parfaite harmonie de ce séduisant tableau : une chrétienne instruit toujours sa fille avec la plus entière sérénité, tant elle est sûre d'imprégner un cœur qui bat si près du sien. Notons encore, pour être sincèrement impartial, quelque raideur dans les contours, surtout dans les draperies du tablier, ajusté avec trop de négligence : comment le pli du bas peut-il être ainsi relevé, à moins qu'il ne soit fixé par de solides épinglettes?

Quant aux accessoires, nous sommes étrangement surpris d'entendre un certain public reprocher à M. de Curzon une puérile recherche. C'est, dans l'espèce, la simple mise en scène du plus ordinaire sujet italien. La mère enseignant l'*Ave* appuie le pied droit sur une corbeille d'osier; le pied gauche, pour se mettre à l'aise, vient de déchausser une jolie mule à bride bleue. La voluptueuse orange, — fruit défendu en Europe, — roule par terre, comme une simple prune de France, toute prête à se faire croquer par la chérubine si elle récite sans faute son *Ave Maria*. La quenouille est plantée à gauche, puisque la mère vient d'interrompre son travail pour veiller à la première éducation religieuse de sa bambine. Oui! mais le tambourin?... Que vient faire le tambourin au milieu d'une prière? — Le tambourin! y pensez-vous, cher lecteur? Nous sommes en Italie, dans la terre des sylphides et des maëstri... A Naples, à Milan, à Venise, le chapelet ne marche jamais sans mandoline ou castagnettes... Soyez sûr que, après l'*Ave*, la mère va montrer à la petite quelque vive tarentelle, digne d'Essler ou de notre pauvre martyre Emma Livry. N'avons-nous pas vu à l'opéra une célèbre danseuse , précisément italienne, se signer dévotement et baiser sa médaille avant d'appuyer ses pointes ou d'entreprendre, sous le verre de trois mille lorgnettes, une voluptueuse gargouillade? — Donc rien ne détonne dans l'œuvre de M. de Curzon : la danse après l'*Ave*, — rien de plus juste. « Maintenant que tu as prié ta madone, dira dans cinq minutes la mère, saute et trémousse-toi bien, ma pauvrette : il n'y a pas de mal à ça!... »

Nunc pede libero pulsanda tellus,
Amica.....

M. de Curzon a beaucoup vu le monde : deux fois l'Italie, qui l'aime et le connaît bien, puis successivement la *Grèce contemporaine* avec About, Syra avec le lion Théophile Gautier et le cor enchanté que regrettent les Italiens, — *Rabelais-Vivier*... Or l'intelligent touriste met dans toute son œuvre non-seulement son calme, son érudition et l'expérience de ses voyages, mais il y répand surtout l'éminente distinction de sa naissance, qui fait du galant homme du monde l'égal du vaillant artiste. Il a meublé l'exposition limousine de fort belles peintures, que nous retrouverons dans un instant. Bornons-nous à joindre les mains devant la toile de M. de Curzon pour nous écrier à notre tour, comme dans tous les exordes sacrés : « *Ave, Maria!* »

Deux lustres séparent le premier *Ave* de la première communion : franchissons-les d'un trait de plume pour aller droit à l'église de Ravenne, dont M. Barrias a conservé, paraît-il, un si religieux *souvenir*. Une jeune fille, immobilisée dans une pure extase, reçoit l'eucharistie des mains d'un vieux prêtre. En annonçant une *première communion*, nous tombons dans une impardonnable erreur, car la jeune Ravennaise nous semble si onctueuse, si candide, si fervente, qu'elle doit, sans aucun doute, pratiquer la communion quotidienne.

Un point lumineux dans la physionomie éclaire et harmonise cette scène délicate, pleine de recueillement et de sérénité. Les mains jointes, agenouillée sur la première marche du chœur, la communiante illumine son visage pour contempler son Dieu. On lit sur cette figure si reposée dans son mysticisme ces trois mots, qui, sous notre plume, sont loin de renfermer la moindre critique : *Foi du charbonnier.* — Le reste de l'assistance (moines et famille) ne dit absolument rien; car chacun paraît assister la Ravennaise par pure politesse. Le vieux prêtre a l'air saint et patriarchal ; mais il est aussi raide que la balustrade sur laquelle tout à l'heure il va se casser le nez. Son enfant de chœur, le scélérat! semble à jamais blasé sur les religieuses cérémonies : il menace la pauvre jeune fille d'un énorme cierge, qui s'incline décidément sur le nez de M. le curé. Le desservant armé de son cierge nous rappelle certain domestique qui, ces jours derniers, par un même procédé, a failli tuer son maître et prélat en tournée épiscopale.

M. Barrias, premier grand prix de Rome (1844), est élève de Léon Cogniet, dont il ne retrouvera jamais, nous le craignons fort, ni l'entrain ni la verte popularité. Qu'il nous fasse promptement mentir : nous ne demandons certes pas mieux.

De l'autel à la fosse du martyre il n'y a qu'un revers de main dans la bonne exposition de Limoges. Descendons avec Daniel dans sa fosse au milieu de ses quatre honnêtes lions. Nous ne courrons aucun danger, pas même celui d'être dévoré tout vif. Il nous semble revoir l'illustre Crocket au milieu de son intéressante famille, faisant exécuter à ses lionceaux de carton toutes les gentillesses et toutes les clowneries imaginables. M. Bellet du Poisat nous présente un Daniel et quatre lions tous parfaitement dressés, domptés, apprivoisés. L'un tourne derrière le pilier sur lequel s'appuie le dompteur, *quærens quem devoret*. Il dévisage son Daniel *lumine glauco* (traduisez *avec un jaune d'œuf*), et finit par refuser une aussi maigre collation. Le plus gros des quatre, le père noble de la troupe, fièrement campé sur deux soliveaux tenant lieu de pattes, s'apprête à dormir ou à donner une séance de spiritisme. Les deux comiques, qui font face au dompteur, prennent leur élan pour exécuter un pas de deux ou une *cachucha*. — Daniel, si confortablement installé dans sa baignoire, peut faire des prophéties jusqu'à la consommation des siècles sans le moindre risque pour son épiderme. Quand il sera fatigué des exercices de sa ménagerie, il rentrera sain et sauf à la cour du bon roi Balthazar.

Cette peinture, incorrecte, incolore, a certaines qualités malgré les plus notoires vices d'exécution. Mais à quelle école appartient donc M. Bellet du Poisat? — Elève de Flandrin? — Par exemple!... Où est l'inspiration, la sincérité du sentiment artistique du défunt grand-maître? On est coloriste ou linéaire; mais une grisaille incorrecte est un genre bâtard, ou peut-être un genre nouveau. — Passons.

Trop charitable lectrice, qui avez l'angélique patience de me suivre depuis mon début, pirouettez, je vous prie, — en intrépide valseuse que vous êtes, — sur la pointe de la bottine laçant votre joli petit pied. Bien!... Voilà qui est lestement fait. Vous êtes en face de la *Madeleine* de Chavannes. Nous vous recommandons chaudement, ainsi qu'à tous les amateurs du bel art sérieux, ce jeune grand maître, si vite entré en pleine possession des plus personnels et des plus originaux moyens. Un signe de son incontestable valeur, c'est que, dès ses premiers pas, toujours il rencontra sur sa route les termites rongeurs travaillant sans relâche à miner tous les édifices pour se venger de ne savoir rien construire. Puvis de Chavannes eut le grand sens d'entreprendre d'admirables peintures décoratives, tandis que, tout autour de lui, les peintres de *genre* et de *chic* (passez-moi ce vilain mot) pourvoyaient le marchand de tableaux. *La Paix et la Guerre*, — *le Travail et le Repos*, révélaient un maître aux salons de 1861 et 1863. Or, dès que l'attention publique, — disons mieux, — dès que l'admiration des vrais connaisseurs eut été acquise à Chavannes, tout aussitôt nous avons lu, relu, entendu partout répéter que les maladroites louanges et l'encensoir de ses inintelligents amis détourneraient le jeune artiste du grand art et des fortes études. Il a répondu à ces insensés en développant sous deux ou trois formes spiritualistes la même pensée constante, le même art résolu, invincible. Nous parlions plus haut de l'accord très-légitime des vieilles traditions artistiques avec l'esprit nouveau et les lumières contemporaines. Si un jour prochain voit nouer et assortir cette heureuse union, Chavannes en fera un mariage d'amour, puisqu'il courtise à la fois l'*antique* belle-mère et la fraîche et jeune fiancée, pleine de passion et d'enthousiasme.

Élève d'Henri Scheffer, dont il a le sens élevé et du Romain Couture, dont il répudie depuis quelque temps l'impuissante prétention, Puvis de Chavannes est avant tout Puvis de Chavannes. Il n'a laissé dans aucun atelier sa fière et incontestable originalité. Pour se déployer tout à son aise, son pinceau, plus *coloriste* que ses envieux ne le supposent, veut écrire de vastes sujets sur de grandes toiles. Le petit cadre qu'il vient d'envoyer à l'exposition limousine renferme cependant, dans ses petites dimensions, une fort belle peinture. — Le Christ apparaît à la Madeleine pour lui donner, par une divine contemplation, le prix de son héroïque pénitence. La pauvre Galiléenne, amaigrie, déformée par le régime peu substantiel des herbes ou racines sauvages, tombe aux pieds du Dieu qui la visite, extasiée, confondue. Les traits du visage peignent à la fois et l'effarouchement et la parfaite béatitude. Le Christ appariteur ne présente cependant à Madeleine qu'un mince profil. Voilà un trait exquis qui ne peut appartenir qu'à Chavannes. S'il eût entrepris un Dieu resplendissant de face dans son éclat surhumain, il eût fallu refaire le *Thabor* de Raphaël. Ici le Christ apparaît simplement en Dieu incarné, sans pompe céleste ni clairvue divine; ce qui n'empêche pas la Madeleine de se précipiter aux genoux du Sauveur, comme si la foudre l'y conduisait au bout d'un éclair. C'est bien là telle que nous la concevons la malheureuse affamée par un interminable carême. La savoureuse pècheresse de notre Véronèse est plus agaçante que jamais, et ne porte sur son corps tout adorablement païen le moindre petit signe de repentir; tandis qu'au contraire la repentie de Chavannes mérite le ciel, tant elle nous semble réduite et domptée.

Les tons sont discrets, bien assortis. Un peu trop de vert dans la *sèche* Thébaïde de Madeleine corrompt le sens du tableau. La terne draperie du Christ appariteur serait incolore hors de ce sujet; mais plus éclatante elle eût été hors ton.

Que Chavannes poursuive bravement sa route, sans le moindre souci des roquets tapageurs ni des chiens hargneux : depuis la mort du grand maître Flandrin, sa place est toute marquée dans l'éclatant royaume spiritualiste.

Pour former sans doute quelque plaisant contraste, la malicieuse Commission a environné la *Madeleine* de Chavannes de deux toiles naines ayant la prétention de représenter des sujets religieux. La *Mater dolorosa* de Legrand serait digne d'orner les murs d'une église de hameau. Elle nous rappelle, cette *Mater dolorosa*, les chemins de croix brossés, à cinq francs par jour, par quelques pauvres diables sans pain, dans les ateliers de Montrouge.

Un peu plus loin, M. Jacquand nous donne un agréable concert. Un vieux moine exécute *Tanhaüser* sur un faux alto, et s'endort sur la partition, que lui tient ouverte l'inévitable enfant de chœur. Beaucoup de plaisir au virtuose et à son lutrin!... M. Jacquand chérit du reste ces bons petits intérieurs monastiques. Prenez un radis et un verre d'eau fraîche sur *ce tapis de Turquie, où le couvert sera tôt mis*. Deux moines déjeunent *voluptueusement*, tandis que le troisième lit à coup sûr Brillat-Savarin pour consoler le réfectoire de ce repas par trop ascétique. Si nous mentionnons ces trois insignifiantes toiles, c'est uniquement pour épuiser le catalogue religieux; car cette sorte de peinture est plus maigre encore que le repas. Ce n'est pas peu dire.

Arrêtons-nous un instant devant une fine toile de Landelle, *la Sortie de vêpres de Beost*. Sur le frontispice d'une pauvre église on lit ces divines paroles : CONSOLATRIX AFFLICTORUM. Trois femmes, dont l'une tient sur ses bras un pauvre enfant, sortent consolées du sanctuaire. Deux autres affligées, avec chacune son marmot à la main, prennent les devants pour rentrer en paix à la pauvre chaumière. Mais le principal, l'irrésistible effet du tableau est dans le groupe du premier plan, formé par une belle jeune veuve entourée de ses deux orphelins.

Il y a une vraie poésie, un vif sentiment religieux dans cette modeste toile. Lecteur, une larme pour les pauvres affligées, et que Dieu les console!... Et, maintenant que votre bon cœur s'est associé à ces deuils, si parfaitement exprimés par le pinceau de Landelle, redescendez au dernier plan de la galerie, dans la région *Luminais*. Asseyez-vous sur la banquette de velours pour admirer à loisir une belle peinture et un beau sujet, *Ruth et Noëmi*.

A notre faible sens, — n'en déplaise à notre très-judicieux et non moins spirituel *confrère-salonnier* M. Guillemot, — la toile de M. Lévy nous semble une des bonnes œuvres de l'exposition. L'artiste, couronné à Rome en 1854, a certes bien mérité son premier grand prix. S'il marche inébranlablement dans la voie de l'art sérieux, il n'est pas au bout de ses triomphes.

Traiter vaillamment les longs et difficiles sujets religieux lorsque la tourbe *incomprise* fond sans relâche sur la mythologie ou sur les alcôves, n'est-ce pas déjà et tout d'abord un incontestable mérite, digne des plus cordiales sympathies? Or M. Lévy a traité en bon artiste une grande page de l'Ancien Testament. *Id est probandum*. Expliquons-nous donc, et commençons par l'impitoyable critique.

La figure toute biblique de l'aïeule enlaçant de son bras droit le chérubin du premier plan nous semble un peu sèche dans son repos. Cette sainte aïeule allonge une certaine jambe gauche si longue, si démesurée que, s'il lui prend fantaisie de se mettre debout, elle atteindra positivement la taille de n'importe quel tambour-major. Mais, en revanche, les poses et les figures de Ruth et de Noëmi sont tout bonnement exquises; les accessoires, bien qu'un peu ternes, parfaitement assortis.

En un mot, dans l'œuvre de M. Lévy, l'exécution picturale est loin d'atteindre l'ampleur du sentiment religieux; mais, malgré de notoires incorrections et de très-saillants défauts, cette toile n'en reste pas moins une solide et remarquable peinture, très-digne d'orner l'exposition limousine.

Retournez-vous, lectrice, sans quitter votre moelleux divan. Admirez, avec votre amoureux serviteur, une discrète mais ravissante toile de M. Serres, *la Sœur de charité.* Quelle candeur, quelle poésie profondément chrétienne sur ce visage encadré dans la pittoresque cornette! Honneur à la sœur grise, cette simple et vaillante religieuse l'âme de nos sociétés modernes! Celle de M. Serres appartient positivement à cette classe de nobles jeunes filles au cœur surhumain quittant, à l'âge de l'amour, fortune, amant ou mari, pour embrasser la croix, et servir le pauvre. Espoir, repos, poésie du sacrifice, illuminent ses traits, tandis qu'elle soutient du bras droit un vieillard courbé vers la tombe; de la main gauche, un pauvre orphelin marquant son premier pas dans la vie. — Bravo! monsieur Serres. De pareils sujets devraient inspirer tous les véritables talents, comme ils ont dû guider le vôtre. La foule turbulente passera peut-être devant votre tableau; mais les véritables connaisseurs, après l'avoir salué, en garderont, soyez-en certain, un précieux et long souvenir.

Quel que soit notre culte de la sœur grise et de ses chers orphelins, il ne va cependant pas jusqu'à reconnaître et apprécier *les deux Religieuses* du même ordre exécutées par M. Lobbedez (petit salon, n° 247), ni les *Orphelins devant le cercueil de leur père*, toile d'Holtzappfel. Dans le premier de ces tableaux, les deux sœurs, agenouillées sur les dalles d'une église, à l'arrière-garde de leur couvent, semblent porter la guimpe pour la première fois, tant elles ont l'air gauche, distrait, anti-spirituel; dans l'orphelinat d'Holtzappfel, tout est raide et mal groupé. — Peinture estimable!

Remontons à l'entrée de la galerie, près de notre charmant Diogène, pour voir un peu la *Mort d'un Capucin* de Leleux, toile aussi saisissante que mal encadrée, sujet pénible et par trop austère, digne tableau d'un septième acte de d'Ennery. La tête de ce capucin veillant son frère étendu sur son dernier lit de camp respire la résignation, la force et l'espoir; mais il faut vivre au cimetière pour apprécier ce genre ultra-ténébreux.

Tout ici-bas est antithèse,

a remarqué quelque part Victor Hugo. Donc, pour nous délasser un peu de la trop sévère peinture religieuse, passons, d'un trait de plume, du Calvaire à Vénus.

IV.

SUJETS ÉROTIQUES.

Le nu est-il chaste? — Pourquoi, quand et comment? — *Vénus Anadyomène* d'Amaury Duval. — Vénus à trouver. — *Léda* de Muller. — *Amina délivrée par le chevalier du Lys* (Gendron). — *Le Paquet de l'Amour*, scène intime, éclairée au feu de Bengale (Glaize). — *Faune et Bacchante au bois de Bayeux* (Bouguereau). — *Willis fantastique s'envolant au clair de lune* (Gardel). — *Pâle Muse de Béranger* (Feyen-Perrin). — *Idylle*, *Oliviers* et *Bains chinois* d'Alexandre Hirsch.

Première Épître aux Limousines.

MESDAMES,

Les beaux esprits prétendent que le *nu* veut être ennobli par un style élevé. Or la plus chaste inspiration pour traiter un sujet si délicat ne peut venir que des femmes. Seules elles ont le secret de ces rares fortunes littéraires qui habillent si bien toutes les plus brûlantes questions. Aussi, après avoir religieusement médité cette matière, la plus délicate partie de notre opuscule, avons-nous résolu de prendre pour juges nos aimables lectrices limousines, afin de ne jamais oublier en leur présence l'élégance et la retenue que comporte un pareil sujet. Pour nous mettre à l'aise, laissons de côté toute forme conventionnelle, et écrivons nos épîtres au singulier.

Tout d'abord, mesdames et charmantes lectrices, un grand principe domine cette importante matière. Retenez-le bien dans votre mémoire, et logez-le surtout dans votre cœur :

Le voile cache parfois le raffinement et l'indécence : il devient alors mille fois plus scandaleux que certaines *chastes nudités*.

Quel est, par exemple, le pudibond saint Antoine assez tenté par le diable pour ressentir l'aiguillon voluptueux en face des nudités du Parthénon, toutes empreintes d'une chaste et fortifiante poésie? Voudriez-vous, mesdames, renfermer l'art contemporain dans cette crinoline qui vous accable, dans ce corset qui vous emprisonne et vous étouffe? — Phidias et Raphaël, ces deux géants du grand art et de l'art le plus pur, eux qui atteignirent d'un bond l'infinie beauté, ont toujours entrevu leur idéal sous une forme humaine augmentée, transformée par leur sens divin. Les Panathénées du Parthénon, les vierges du Vatican, ne sont autre chose que de beaux modèles nus ou demi-nus, fondus dans la poétique inspiration de Raphaël et de Phidias. Or qui oserait mettre en question la noblesse, la décence de ces incomparables chefs-d'œuvre? Qui? — Un très-grand nombre d'inqualifiables plaisants. Comme le ridicule est de tous les âges, ces don Quichottes artistiques ont entrepris la noble tâche de ruiner tout ce qui fait la force et le charme de l'humanité, *la liberté dans les arts*. Ils prétendent réduire l'artiste à l'étude du chapeau noir ou de leurs propres vilains chefs, si mal coiffés. Le bon sens populaire et l'esprit chrétien ont fait prompte justice de cette sotte plaisanterie, qui ne vaut pas l'honneur d'une sérieuse discussion. Pitié, Mesdames, tout simplement pitié pour ceux qui, sous de vains et misérables prétextes, voudraient briser le marbre du statuaire, voiler la toile du peintre, lui dérober ses modèles, en un mot anéantir l'art humain!

Entre le nu et l'obscène il se trouve, vous le savez bien, pour le grand et véritable artiste, un abîme infranchissable, creusé depuis des siècles par les vrais penseurs et les réalistes. Voyez la chaste et riante *Vénus* d'Amaury Duval... : ne vous semble-t-elle pas mille fois plus décente que la mère Gigogne de M. Glaize aux trois quarts vêtue de je ne sais quelle friperie? Cette féconde jeune mère, environnée des plus désagréables moutards, aurait quelque charme au milieu de sa chère famille si l'abandon et le naturel ne lui faisaient absolument défaut. L'Amour qui part et l'Amour qui arrive (le malin !) sont illuminés par un feu de Bengale très-probablement pêché dans le matériel de MM. Holstein ou Marc Fournier. Cette peinture, exagérée de ton et de couleur, n'a qu'un seul mérite, transparent sous le voile : une incontestable prétention, sans belle ligne ni vraie couleur. Aussi, Mesdames, laissons là cette bohémienne avec son paquet d'amours, pour vite rejoindre notre chère Vénus sortant de l'onde.

Je devine que vous la trouvez pure et ravissante. C'est le cas de dire avec le roi Voltaire, qui s'y connaissait :

« Oui, je me montrai toute nue
Au dieu Mars, au bel Adonis,
A Vulcain même, — j'en rougis;
Mais toi, Duval, où m'as-tu vue? »

» Tu m'as vue au bain, scélérat, le jour où, naissant de l'écume et du plus pur limon de la mer, comme l'a dit mon poète, mon cher Alfred de Musset,

« .... Fille de l'onde amère,
Secouant, vierge encor, les larmes de ma mère,
Je fécondais le monde en tordant mes cheveux ».

» Comment la trouves-tu, mon peintre, cette

chevelure d'or? Quelle est la Parisienne ma sœur que tu as coiffée avec tant d'art?

» A ma prochaine apparition dans ton atelier, tu me la présenteras, cette incomparable mortelle, pour que je la transporte aussitôt, sur un char traîné par huit colombes, dans mon célèbre temple de Gnide, où elle règnera sur les Grâces et les Plaisirs. Ami Duval, je reconnais ma sœur cadette, pétrie comme son aînée du plus pur limon de la vaste mer, et paraissant sous les feux du soleil amoureux. Ses yeux sont allanguis comme les miens; comme autrefois la mienne, sa main gauche fixe et enroule le chignon par le plus gracieux mouvement, tandis que la droite déplie mes longues tresses tombant jusqu'aux genoux. Mais, ami Duval, je ne reconnais plus mon ancien joli corps, moins laiteux, plus ferme, mieux attaché que celui de ma cadette. En sortant de la blanche écume et de l'onde unie, j'étais d'aplomb sur mes deux jambes, tandis que tu as planté ma sœur parisienne sur le pied droit, comme Mme Saqui sur sa corde raide... et sans balancier. Ne vois-tu pas, peintre imprudent, qu'elle va replonger en pleine mer pour disparaître dans le vaste abîme, ta Vénus si mal équilibrée?

Le flot qui l'apporta recule *transporté*

devant cette reine : oui, mais la moindre vague

va l'ensevelir dans le gouffre, où la dent des monstres marins remplacera sans doute la galanterie française. J'accepte la tête, mon peintre, et refuse le reste. »

Et vous, Mesdames, partagez-vous l'opinion de Vénus sur son propre portrait? Aimez-vous ce ciel uni, ces jolis yeux noyés d'amour, cette chevelure aussi dorée, aussi épaisse que la vôtre?... Ou bien, préférez-vous ce buste au ton mièvre et par trop clair, cette hanche droite trop saillante pour la pose du modèle, ces jambes trop délicates et par trop menues.... Mais on ne détaille pas ainsi les jolies femmes!... C'est déjà beaucoup que de rencontrer chez Vénus deux beaux yeux, une chevelure soyeuse :.... en voilà plus qu'il n'en faut pour être belle. — Non!... Mesdames, l'âme ne resplendit pas sous ce front trop étroit; pas une pulsation ne gonfle ce sein, reposé dans une molle langueur. Pourquoi donc nos peintres, pourquoi nos statuaires ne mettent-ils plus dans leurs œuvres ces reflets de l'âme immortelle qui forment comme le plus saillant côté du grand art gréco-chrétien?

Osons le proclamer du sein de notre néant... — Après Phidias et Praxitèle, après les Vénus de Gnide, de Milo et de Médicis, l'idéal de la beauté humaine n'est pas trouvé : il faut, pour l'atteindre, une seule condition : — joindre le sentiment chrétien à l'inspiration athénienne. Or, Mesdames,

— passez-moi ce morceau de théorie : je vais abréger, — si le culte de la beauté idéale fait par-dessus tout le grand artiste, le dédain de la beauté matérielle n'en reste pas moins une erreur grossière ou un infâme mensonge. Je n'en veux qu'une preuve : — qu'un Raphaël, par le dernier effort de son génie, essaie de loger l'âme de sainte Thérèse dans le corps d'une Vénus hottentote, il ne parviendra jamais à exécuter pareil tour de force, ni lui, ni Michel-Ange, ni Prudhon, ni Ary Scheffer, ni aucun peintre, à quelque grande école qu'il appartienne. La raison en est que, dans le royaume des arts, toute belle âme doit être enfermée dans un beau corps. L'idéal, cette chose divine que la tourbe matérialiste devrait être seule à déshonorer, est tout simplement la juste proportion entre le monde réel et le monde spiritualiste. Mais l'art ne gagnera cette harmonie qu'au grand jour, peut-être prochain, où la forme grecque complètera l'inspiration chrétienne.

Nous proposons donc à nos peintres, à nos statuaires cherchant Vénus, la grande synthèse du christianisme et de l'antiquité. Ce ne sera plus ni le Romain David, tyrannisant les arts en vrai despote-dictateur, ni l'élégant Pradier, uniquement athénien, ni Ingres l'antique, trop obstiné contre la couleur : ce sera Géricault illuminé par l'éclair chrétien embrasant tout à coup l'atelier de

Phidias ; ce sera le mariage d'inclination d'Athènes et de Paris (prenons Ingres et Laïs pour personnifier), célébré au Parthénon d'abord, puis au palais de Périclès, puis à Notre-Dame. Il s'agit, en un mot, de fondre une chrétienne dans le moule athénien.

Eh bien! notre siècle verra surgir cette saisissante originalité s'il s'imprègne à la fois de son propre souffle et du genre grec, s'il monte au Calvaire sans démolir le Parthénon.

Notre Vénus à venir sera donc taillée sur le patron de ses antiques sœurs de Gnide, de Milo et de Médicis; elle joindra la grâce et la force olympiennes au prestige chrétien, qui la grandira de cent coudées. Les riches attraits matériels cacheront tour à tour l'âme et le cœur, la noble passion ou la candide sérénité. L'artiste futur qui créera cette divine créature sur la toile ou qui l'extraira d'un bloc de marbre, tout en entrant résolument dans l'art spirituel, n'oubliera jamais l'unique forme grecque; car malheur à lui s'il ne communique directement avec l'esprit de Phidias! Pour devenir artiste chrétien, nul ne doit sacrifier le corps, ce cher compagnon de l'âme immortelle : le sein de notre Vénus se gonflera tour à tour sous les plus voluptueux soupirs, tandis que les yeux brilleront de toute la candeur originelle des vierges de Sanzio.

Si jamais cette Vénus, si rapidement indiquée au triple galop de la plume, vit en chair pour revivre en marbre, nous mourrons heureux et rassuré sur le progrès de l'art moderne, à tout jamais uni à l'idée chrétienne.

J'ai fini, Mesdames, de faire le pédant. Si j'ai allongé quelque peu ma plus chère théorie, pardonnez-moi bien vite. J'ai la ferme certitude de vous avoir plu en proposant à nos artistes contemporains de peindre vos âmes en même temps que vos attraits : vous serez de la sorte complètes et divines... si vous ne l'êtes d'ores et déjà !

Vous connaissez, n'est-il pas vrai? la délicieuse fable du galant Jupiter métamorphosé en cygne pour faire plus poétiquement sa cour à la femme de Tyndare, à la mère de Castor et Pollux, d'Hélène et de Clytemnestre, à l'irrésistible et féconde Léda? Cette célèbre jolie femme devait être bien séduisante pour entraîner ainsi le roi de l'Olympe dans l'école buissonnière et la métamorphose. C'est ce qu'a très-parfaitement compris M. Muller en peignant sa ravissante Léda, digne du plus simple et du plus amoureux mortel.

Elle est debout, nue, chaste, un peu molle. Son cygne-Jupiter savoure un long baiser sur les lèvres roses de sa favorite. Ils sont enlacés comme de coutume, face à face, bec à bec, perdus dans une poétique et mutuelle contemplation. Il paraît que le très-humide théâtre de ses galants exploits n'a point refroidi notre fougueux Jupiter. Admirez ces charmantes poses, pleines de candeur et d'abandon. Les chairs sont vivantes et savoureuses ; l'onde limpide reflète une jambe de Léda, qui ne songe pas, pour le moment, à se mirer, comme Fanchonnette, au bord du ruisseau.

M. Muller n'est point brillant coloriste ; mais il possède en revanche les plus fines qualités de dessin unies à un remarquable sentiment du grand art. En traversant les galeries du Luxembourg, qui ne s'est arrêté, les mains jointes, le cœur saisi, l'haleine suspendue, devant son chef-d'œuvre, *le dernier Appel à la Conciergerie?* Environné de nombreuses victimes et de quelques bourreaux sans-culottes, Chénier, pâle, fier et défait,

Au pied de l'échafaud essaie encor sa lyre,

quand son nom retentit. — Chénier à l'échafaud, un poète de moins, et vive la liberté! — Telle est la page sanglante de nos annales révolutionnaires qui nous a valu une des plus saisissantes peintures modernes. Quand on songe que *le dernier Appel* a pour voisine au Luxembourg *l'Orgie romaine* de Couture, il devient facile d'apprécier la notable différence qui sépare l'art allangui et prétentieux du vrai grand art, toujours net et simple.

Avant d'ébaucher sa Léda, M. Muller doit avoir religieusement médité la Vénus de Médicis : ces deux toiles ont entre elles un petit faux air de ressemblance, que je constate avec plaisir pour le plus grand honneur dudit M. Muller.

Franchissons d'un coup d'aile les mystérieuses frontières du vaste royaume où règne la légende. Tout est légitime dans ces fantastiques régions, d'où le réel doit être impitoyablement banni. M. Gendron appartient à l'originale et ténébreuse famille de l'alderman Beckfort, du fiévreux Hoffmann et des conteurs anonymes des *Mille et une Nuits*. Aussi, Mesdames, serait-il ridicule et téméraire de lui contester un seul instant son nébuleux point de départ. Il a retracé, d'un style rose teinté de bleu, l'une des plus curieuses pages de l'Arioste, *Amina délivrée par le chevalier du Lis*. Cette charmante Amina embrasse son chevalier d'une étreinte si voluptueuse que le libérateur troubadour se voit promptement récompensé avec la plus large usure de ses prouesses galantes. Montés sur un vaillant hippogriphe, nos deux amants entreprennent de compagnie une petite excursion dans les vertes contrées romantiques. Le brave chevalier est tout bardé d'or; de la main droite, il agite un oriflamme d'un rose douteux, pour annoncer sans doute aux sylphes aériens l'heureuse délivrance de sa chère Amina, dont il effleure les lèvres empourprées d'un trop impatient baiser. — Mon chevalier, vous êtes bien leste en amour!

Ce gracieux enlèvement est bien venu sous le pinceau de M. Gendron, qui chérit par-dessus tout les sujets mystiques, et affectionne de toute son âme les tons roses mariés aux teintes claires. Au reste il a mille fois raison de traiter le fantastique, puisqu'il excelle dans ce genre précieux, qui veut une grande habileté de main, une imagination à toute bride.

Ne quittons pas le domaine fabuleux sans jeter un rapide coup d'œil sur une certaine *Willis* s'envolant en plein clair de lune, œuvre de M. Gardel, artiste limousin.

Mesdames, vous avez vu jouer *Giselle*, ce délicieux ballet d'Adam, Gauthier et Saint-Georges, sans compter Henri Heine, dont le beau livre sur l'Allemagne a fourni la première idée du libretto. Les folles villageoises des coteaux de la Thuringe mortes pour avoir trop chéri la danse valsent jusqu'à leur dernier soupir. Malheur aux imprudents rêveurs qui s'aventurent à minuit sur les bords des lacs ou dans les clairières hantées par ces dames! Elles cernent notre homme, et lui font danser la malaisée jusqu'à ce qu'il rende le dernier souffle. M. Gardel s'est inspiré des vers si connus de Victor Hugo :

Le chasseur songe dans les bois
A des beautés sur l'herbe assises,
Et dans l'ombre il croit voir parfois
Danser des formes INDÉCISES.

Oh! oui, très-indécises, et si peu dessinées qu'il faut un effort surhumain pour deviner une valseuse morte à la peine dans cette silhouette, qui semble réfléchie, le long d'un mur, par une vraie Colombine découpée sur papier blanc. La faute en est à la lune, oubliant les plus élémentaires lois de l'optique pour envoyer ses rayons de tous les côtés, sans le moindre souci des clairs ni des ombres. Une Willis si mal éclairée n'attirera jamais le moindre chasseur du pays. Serait-ce le farouche Hilarion que j'aperçois à l'affût derrière les futaies du premier plan? Je lui conseille de ne plus lorgner ainsi sa bécasse, qu'il ne peut apercevoir du poste où il est embusqué, à moins que la lune n'éclaire ce gibier dans tous les sens.

Je préfère aux *Willis* de M. Gardel celles de M. Gendron, qui a peint d'une touche plus sûre et plus fantastique ces damnées valseuses thuringeoises; je préfère encore tout bonnement les décors de *Giselle* de MM. Cambon et Thierry, qui ont rendu et pénétré cette bizarre légende avec leur ordinaire talent. Puisqu'il y a d'ailleurs dans M. Gardel l'étoffe d'un excellent peintre, il est de notre plus rigoureux devoir de lui dire : « On ne s'improvise ni peintre, ni musicien, ni littérateur, ni ténor, ni Léotard : l'artiste ne se peut former que par la sérieuse et patiente étude des beaux modèles. Abandonnez donc au plus vite le genre et la fantaisie, qui ne sont pas de votre ressort, pour la peinture sérieuse et régulière. Vous êtes coloriste ardent, convaincu : voilà plus de qualités qu'il n'en faut pour prendre rang dans la pléiade contemporaine. Je vous donne rendez-vous au prochain salon de Paris : vous verrez alors, si je vous trouve en progrès, avec quel plaisir je noterai le talent d'un véritable artiste et d'un compatriote. Jusque-là, et dans votre plus grand intérêt, je maintiens sur votre Willis une appréciation qui voudrait être bienveillante, et qui se voit condamnée à être sévère. »

M. Jules Ravel tient un juste milieu entre le genre mystico-fantastique et la légende moyen âge. Son Méphistophélès, mollement étendu sur un pan de muraille, chante sans doute la ruine de Troie, tandis que deux robustes hallebardiers, ses auditeurs, font leur cuisine à la zouave (n° **299**). Ils cuisent leur *rata* dans un casque suspendu à tout un complet fournîment, vraie panoplie servant de crémaillère. Le cadre très-restreint de cette revue nous interdit de nous étendre plus longuement sur les qualités et défauts de cette assez bonne mais très-étrange toile. A la guerre comme à la guerre : *on fait comme on peut.*

« Que vous êtes mille fois aimable, notre cher et vertueux auteur, de n'avoir pas encore soufflé un traître mot sur l'infâme peinture d'un certain Bouguereau, un païen, Monsieur, vivant avec les faunes, bacchantes, nymphes, satyres, dryades, hamadryades et autre canaille de l'ancien monde mythologique! Nous autres chrétiennes, qui élevons nos filles en dorlotant nos maris, n'avons rien à voir à ces voluptueuses turpitudes. Détournons la tête s'il vous plaît! Le silence et l'oubli sont les justes et véritables appréciations qui conviennent à cette toile polissonne. Nous espérons bien que, sous prétexte de plaider l'innocence du *nu*, vous n'aurez pas la fantaisie d'absoudre cette révoltante obscénité. Silence! Monsieur : jetons un voile!.... »

Non pas, Mesdames, mille fois non! vous n'en serez pas quittes à si bon marché. Arrêtons-nous au contraire, je vous en supplie, devant sa *Bacchante*, pour *écraser l'infâme*... Bouguereau. Et d'abord, sur le chapitre de la morale, que peut vous faire, je vous le demande, ce pauvre faune tout primitif, ignorant, pour son plus parfait bonheur, que les lois futures de notre moderne civilisation indiqueront une toute différente manière de courtiser sa belle en plein soleil. Nos deux *innocents* criminels cueillent des fraises au bois de Bayeux, dans une sorte de paradis terrestre.

On dit que le candide Daphnis, virtuose flûtiste incomparable, qui tout le premier excella dans la pastorale, sans souci de M. Florian, on dit que l'amoureux Daphnis n'aima pas autrement sa ravissante Chloë. Était-elle donc si corrompue pour écouter son Daphnis de la bonne oreille, cette chère personnification de la parfaite candeur en amour? — « Oui! mais les temps ne sont plus les mêmes. Vous vous embrouillez dans le plus inexcusable anachronisme. » — C'est trois fois vrai, Mesdames, et je dépose à vos pieds mes trop primitives explications. Heureux siècle néanmoins que cet âge d'or de l'amour, où la pastorale olympienne pouvait s'exercer dans la plus parfaite sécurité! Mais, par ce temps de faux cols et d'habits noirs, le paradis terrestre devient profondément immoral : c'est naturel, légal et civilisé.

Au point de vue pictural (*sautez ce feuillet*), l'œuvre de M. Bouguereau est ferme, finie, vivement exécutée. Les narines de nos galants respirent un chaos de voluptés (je risque cette douteuse métaphore) de voluptés mille fois plus intenses que toutes celles que peut dispenser la plus régulière civilisation. Les yeux, les poses, l'allure insoucieuse, sont en parfaite harmonie avec l'audacieux sujet.

Absorbée dans les bras de son faune, notre bacchante se rit de toute morale ; toute loi écrite réside pour elle dans la fougue de sa passion. Elle mériterait les verges ; mais elle s'en rit. C'est son affaire, puisqu'elle n'aperçoit pas le moindre sergent de ville.

Pourquoi, dans chacune de ses œuvres, M. Bouguereau annule-t-il si obstinément les accessoires ? Le paysage qui sert de théâtre aux francs-amours de son faune nous semble par trop tiède pour la brûlante charade toute prête à se débrouiller. Je remarque de plus un étrange contre-sens : comment notre bacchante, anéantie dans les ardeurs amoureuses, conserve-t-elle assez de présence d'esprit pour retenir sa houlette, qui devrait être jetée depuis long-temps à un kilomètre ? Comment, d'autre part, notre faune-sardanapale garde-t-il son urne pour faire sa cour ?

Mais ces petites négligences sont de vaines puérilités, qui n'enlèvent à la toile de M. Bouguereau ni son mérite ni son brin de scandale.

En un mot, le *Faune aimant sa Bacchante* est un licencieux CHEF-D'OEUVRE, digne à la fois de mépris et d'admiration.

Mesdames et chères lectrices, blâmez le sujet en adorant la peinture.

Je comptais vous mener devant la faible et peu

intéressante exposition de M. Alexandre Hirsch ; mais cette idylle manquée, ce *Tepidarium* ou *Bain chinois*, cette ronde macabre, toute cette peinture froide, médiocre, *correcte*, académique, me semble si parfaitement terne et insignifiante que je me contente d'affirmer tout bonnement ses heureuses qualités. Que si cette affirmation sans la moindre preuve vous semble par trop hardie dans son laconisme, extasiez-vous tout à votre aise devant les chefs-d'œuvre de M. Hirsch. Après le premier quart d'heure, si vous ne rentrez pas au boudoir avec une forte migraine, vous avez pour mari le plus parfait galant homme qui respire en ce monde.

Remarquez encore, si bon vous semble, la pâle muse que M. Feyen-Perrin adjuge à Béranger. Si le chantre inspiré de *Marie Stuart* et de *la Grand'-Mère* n'avait eu pour muse que cette jeune éplorée ressemblant à une fille repentie, son inspiration n'eût pas dépassé *l'Pied qui r'mue* de l'illustre Avenel.

J'en ai fini, Mesdames, avec cette série galante que j'ai osé placer sous votre gracieux patronage. Si ma plume, qui court peut-être un peu trop vite à travers de brûlants sujets, avait par malheur, dans le cours de cette épître, franchi les bornes de la plus stricte bienséance, je ne m'en consolerais qu'après ma mort.

Je dépose toujours à vos pieds mes incomplètes et candides réflexions, sûr que mon joli sujet absoudra mon vilain style.

V.

NOMBREUSE FAMILLE ITALIENNE.

Far niente (Landelle). — *Petite fille de Galinaro* (de Curzon). — *Pasqua Maria* (Bonnat). — *Vénus potagère des environs de Rome* (Mlle Amélie Fayolle). — *Maria Appozèse*, — *La Marguerite* (Mlle Marie-Henriette Bertaut).

Deuxième Épitre aux Limousines.

J'ai l'honneur de vous présenter, Mesdames, toute une famille italienne aussi jolie que nombreuse. Elle se compose des filles, sœurs, femmes ou maîtresses de MM. Landelle, de Curzon et Bonnat, — de Mlles Fayolle et Henriette Bertaut.

La plus séduisante de ces gracieuses créatures, la sœur aînée de la famille, un laurier-rose ou une grenade à la main, applique toute son âme à la plus sérieuse des occupations, le *far niente*. Cette adorable paresseuse respire un tel air de parfait bonheur dans sa noble insouciance qu'elle donne envie, par ce trop brûlant soleil, de chercher à ses côtés le calme, l'amour et la fraîcheur. Comme on devine bien sans le moindre effort, sous la chemise trop haut montée de notre Italienne, ses formes opulentes, la richesse d'un tempérament développé depuis le berceau sous le ciel toujours uni de la péninsule! Ses yeux, Mesdames, disent la volupté sans langueur, la sereine satisfaction d'une belle âme au repos. L'irrésistible attrait de cette délicieuse physionomie réside surtout dans un sourire enchanteur, le plus joli, le plus franc sourire de toute la galerie amoureuse. (Ai-je besoin de dire, Mesdames, que j'en excepte le vôtre?)

Cette peinture de M. Landelle est simple, poétique, vivante surtout, pleine d'une irrésistible attraction. Malheur à vous, hommes ou femmes blasés qui vous lasserez trop vite de la paresseuse Italienne! Admirez-la long-temps et sans cesse; vous ne sauriez mieux employer vos loisirs qu'à flâner et sourire comme elle et avec elle dans la galerie de Limoges. Pour la bien apercevoir dans son meilleur jour, placez-vous aux pieds d'*Omphale*, près du *Bonze* Lenepveu, non loin de la *Sybille* Nivet-Fontaubert (n°s 242 et 272). Alors la paresseuse de Landelle vous assassinera d'un tel sourire que vous en tomberez amoureux fou, sans avoir le temps de vous mettre en garde contre la dangereuse sirène.

Notre vœu le plus cher est que cette heureuse toile reste dans les murs de l'artistique cité de Limoges. Les nombreux amateurs limousins ne sauraient faire un choix ni meilleur ni plus intelligent.

Tout près de la paresseuse femme de Landelle, une tout aimable petite fille donne à son aînée le salutaire exemple du travail. Comme un *Mignon* d'Ary Scheffer, elle rêve déjà, tout en tournant son fuseau, non à la patrie, mais à la poupée ou à la mère, toutes les deux absentes. J'éprouve un très-grand charme à caresser cette toile, petite par le cadre, grande par le sentiment. J'y trouve un abandon, une exquise candeur, qui ne me lassera pas de sitôt, ni vous non plus, Mesdames, je l'espère bien. La chevelure jetée au vent avec un adorable sans soin, les yeux noyés, les pieds nus, le costume ordinaire de notre famille italienne, composent, dans la physionomie de la *Petite fille de Galinaro*, un ensemble harmonieux, un tout homogène. Un peu plus de couleur et de souplesse dans la pose de la *povera* eût complété cette poésie, dont la presque parfaite exécution vaut le fin sentiment. La bambine peut, quand il lui plaira, prendre place, à côté de sa sœur jumelle, sur les genoux de la mère chrétienne psalmodiant l'*Ave Maria*.

Encore une belle et vraie poésie de M. Bonnat! Il n'y a que le ciel italien pour inspirer ces charmants sujets. *Pasqua Maria*, une autre flâneuse de la bonne espèce, prend son *far niente* ou fait sa sieste mollement étendue non sur le vert gazon, mais sur la terre toute fraîche. Il faut examiner pendant des heures entières cette petite tête de chérubine riant en plein soleil avec l'éclat de l'innocence libre de tout frein! Le bras droit, trop lâchement dessiné, déflore un peu cette toile gentillette; mais que peut faire, dans une belle page vivement écrite, une faute d'orthographe échappée à la fougueuse improvisation? Dans un siècle blasé, qui veut à tout prix du nouveau, de l'étrange, en toilette comme en style, en musique comme en peinture, la moindre incorrection suffit trop souvent à déprécier une œuvre de valeur.

Monsieur Bonnat, soignez la grammaire pour que désormais votre orthographe soit à la hauteur de votre simple et gracieux style.

Peste! mademoiselle Fayolle, vous avez le pinceau tout masculin. Quelle gaillarde que votre Romaine, le poing sur la hanche, la cruche ou le pot au lait sur la tête! Celle-là n'a pas le temps de flâner au bord de la mer ou d'avaler le cher macaroni : elle se rend à la ville éternelle, sans doute pour offrir au Saint-Père une tasse de lait frais en échange de sa bénédiction apostolique. L'allure de cette robuste revendeuse est vigoureusement tracée par le pinceau de Mlle Fayolle. Les traits sont fermes ; le sourire, franc et décidé ; les cheveux, abondants ; les fortes couleurs, bien assorties. Tout cela ressort sur un fond sombre, qui laisse tout l'éclat du tableau à notre Vénus potagère.

Les détails du vêtement, l'extrême minutie des accessoires, font honneur à l'étude et à la patiente observation de Mlle Léonie Fayolle. — C'est bien ! — Qu'elle n'oublie jamais que la ligne doit toujours marcher de front avec la couleur. Ce grand principe, appuyé sur les excellentes leçons de son maître Léon Cogniet, grandira son talent, déjà connu et fort apprécié.

Mlle Henriette Bertaut n'est pas coloriste ; mais elle possède, en revanche, une parcelle du sentiment de M. de Curzon. *Maria Appozèse* n'égale certes *Pasqua Maria* ni par la grâce ni par l'exécution, bien que l'ingénuité de nos deux *bambines* soit à peu près la même dans les deux tableaux. Un air tant soit peu boudeur gâte la physionomie, du reste fort avenante, de Maria Appozèse. Au contraire, les deux amies qui effeuillent ensemble *la Marguerite* ne boudent certainement pas. Il faut que l'aimable fleur réponde sans doute aux interrogations amoureuses : *tendrement*, *passionnément*, etc., etc. Pourquoi ne pas planter derrière la charmille d'usage Arthur ou Oscar tendant l'oreille pour s'approprier les réponses de nos deux fleuristes?... On ne saurait tout prévoir.

Le sujet de ce petit tableau est toujours neuf, quoique vieux comme le monde. L'exécution est très-passable, suffisante et correcte. Mlle Henriette Bertaut effeuillera d'autres marguerites la saison prochaine. Attendons-la donc de pied ferme dans un pré fleuri de l'exposition avec le canevas de Mme Deshoulières.

Il ne me reste plus sous la main la moindre Italienne. Bonsoir, Mesdames, et que ma prose vous soit légère !

VI.

LES AMOUREUSES

(Étoiles filantes du soir et du matin).

Trois poésies de Mme Nivet-Fontaubert : *Effet du bord de l'eau*, — *Seulette*, — *Coucher du soleil*; — Genre et caprice : *Sibylle au parc de Férias*, — *les King-Charles*. — *Poésie amoureuse* de Galimard.

Troisième Épitre aux Limousines.

Mesdames,

Vous avez joué, au moins une fois dans votre vie, soit après le couvent, soit après le mariage, en pleine lune de miel, n'importe quel charmant proverbe de Musset, Feuillet, Scribe ou Gozlan. Vous savez alors mieux que moi-même quel sens exquis il faut à l'auteur et aux interprètes de ces jolis riens pour éviter la fadeur de ce genre précieux. Mme Nivet-Fontaubert, votre compatriote, votre amie peut-être, appartient à l'aimable famille des fantaisistes soumis à la raison et au bon sens. — Comment dirai-je sans exagération, sans hyperbole, les artistiques loisirs de cette femme du monde? La muse d'Anacréon inspire tous ses sujets ; l'élégance du vrai bon goût garde son pinceau du moindre écart... C'est l'art bleu de Watteau mêlé d'un grain de poésie et d'un tout particulier caprice. Joignez à cela la patiente contemplation des soirs et des matins, l'amour du ruisseau et de la charmille, vous aurez alors le secret du gracieux talent de l'artiste limousine dont je vais m'occuper.

Comme toutes les femmes de goût, Mme Nivet a lu de tout son cœur le gentil roman de Feuillet qui donne des attaques de nerfs au grand peintre Georges Sand, et lui inspire *Mlle de La Quintinie.* A côté de l'intéressante Sibylle je remarque un *Effet du bord de l'eau* limpide et des mieux venus. Cette peinture est sans contredit l'œuvre capitale de Mme Nivet. Le paysage du petit jour, plein de fraîcheur et de lumière, guide, à l'aube naissante, la route d'un heureux couple villageois. Le plein air, que recherche avec tant d'ardeur Mme Fontaubert, reluit dans toute sa force et son plus pur éclat. Je voudrais cependant (toujours de la critique!) plus de solidité dans le pinceau, un plus vif accent dans les teintes du feuillage, du reste fort habilement nuancées.

Après l'*Effet du matin au bord de l'eau*, voici le *Coucher du soleil*. Quelle complète journée! Dans cette petite toile, très-appréciable à quelques points de vue, les teintes Corot-Donzel se marient au coloris du bouillant Narcisse Diaz de La Pena.

Dans une époque aussi grande que fiévreuse, où le pinceau retrace toujours soit des couleurs exagérées, soit d'incolores grisailles, ce n'est pas un petit éloge que je décerne à Mme Nivet en la mettant au nombre des vrais coloristes. Le coucher du soleil se distingue de son lever par une touche plus vigoureuse et plus masculine.

Mme Nivet doit être bien matinale! Encore une amoureuse du point du jour, respirant *seulette* la brise embaumée du matin. Nos Parisiennes ne poseront certes jamais à pareille heure, à moins qu'on ne les saisisse au sortir de l'opéra ou d'un bal travesti. A quoi peuvent rêver ces matinales beautés? *Seulette* trottinant au petit jour me semble très-avenante; mais pourquoi porte-t-elle la même robe que sa sœur *Sibylle?* J'ai bonne envie de signaler à Mme Nivet la plus jolie d'entre toutes les robes pour une pastorale : la robe blanche nuée de bleu, à ceinture rose. Dès que je l'entrevois, cette toilette me transporte aussitôt sur un lac-Lamartine ou dans une charmille de

Musset Elle vaut mille fois tous les satins, toutes les moires, toute la friperie de M. Worth et autres artistes fournisseurs des soirées mythologiques.

Si vous aimez les carlins, les havanais, les king-Charles, caressez tout à votre aise un chien de manchon digne d'une lady londonnaise. Le poil est soyeux, la taille imperceptible. Il est blotti, le scélérat! sur les genoux d'une assez jolie femme. Que ne suis-je, au lieu d'un simple mortel à deux pattes, un heureux carlin, dorloté, emmitouflé comme lui par ma maîtresse!

En *peignant* son king-Charles (j'ai horreur du calembour), Mme Nivet a voulu prouver qu'elle était capable de soigner les plus minutieux accessoires. C'est le plus fini et le moins poétique de ses cinq tableaux.

J'ose conseiller à notre vaillante artiste limousine moins de recherche et d'effet, plus d'abandon et moins de capricieux raffinement dans ses toilettes de matin et soir. En outre, si elle a le courage d'étudier à fond pendant quelques mois la forme humaine, qui ne transparaît pas assez à travers les robes de ses fillettes, elle se placera bien vite au premier rang de nos plus aimables peintres de genre. Son genre du reste est déjà fort apprécié par les plus illustres connaisseurs. On peut voir chez Rossini ses chers confrères Mozart et Palestrina présentés au grand-maître par Mme Nivet-Fontaubert.

Je suis tout étonné, tout étourdi, Mesdames, de vous entendre reprocher à votre compatriote une impardonnable prétention, comme artiste bien entendu. Mme Nivet prétentieuse! Son art, je vous l'accorde, est de se laisser entraîner par la fougue et l'enivrement de l'improvisation; mais n'a pas qui veut, Mesdames, cette élégante prétention!

Aimez-vous la *Poésie* de M. Galimard, autre blonde amoureuse au teint frais, ravissante femme décolletée à la parisienne (no 137)? Le front ceint de lauriers, les épaules nues, cette superbe fille laisse envoler d'une corbeille de fleurs le classique petit oiseau de toutes les romances. — « Va, mon oiseau, semble-t-elle dire, va, mon rossignol, va porter l'amour et mon cœur à Pierre, Paul, Nicodème, Arthur ou Florestan (j'ignore au juste le prénom de l'heureux mortel)! Dis-lui mes transports, ma passion, et surtout mon ennui... »

Tu voleras vite, vite, vite,
Vers mon amant, petit oiseau!

La belle a l'amour grave et sérieux comme les Russes du Gymnase. J'aimerais un plus fin sourire sur ces lèvres trop reposées. Elle devrait frémir de bonheur, cette femme de Galimard, en rendant la liberté au pauvre captif, qui ferait mieux, lui, de s'emprisonner dans le sein de la belle, au lieu de regagner promptement les airs.

Cette toile est réellement fort belle, en tout digne d'Ingres, le maître de Galimard. Il sent si bien l'école de ce pur Athénien qu'il a vêtu son *amoureuse* d'une certaine draperie d'un certain violet si pâle que je ne saurais distinguer cette *vive* nuance. Un peu de couleur, Galimard! Ingres n'y verra rien, et le public y verra mieux.

Je termine ici, faute d'amoureuses, mon court chapitre amoureux. Que si j'abandonne ma plume à tous les vents capricieux, au lieu d'enfler mon style, rappelez-vous, Mesdames, cette *sérieuse* pensée de Champfort, que je livre à vos méditations du prochain carême :

« La plus perdue de toutes les journées est celle où l'on n'a pas ri... »

Dites un peu, charmantes Limousines, si j'ai perdu mon encre et mon quart d'heure en votre aimable compagnie...

VII.

LES BOUDEUSES.

Tête d'étude (Bonnat). — *Femmes* de Toulmouche. — *Indécision* de Boutibonne. — *Rouge-gorge* de Gardel. — *Toilette Pompadour* de Mme Baraton. — *Comédie* de Poncet.

Quatrième Épître aux Limousines.

MESDAMES,

Je vous vois froncer le sourcil devant le titre un peu chagrin de cette quatrième lettre. — « Eh quoi!... Oser mettre sous notre patronage des boudeuses, des mijaurées, quand de notre vie nous n'avons eu le moindre quart d'heure d'humeur!... Fi! quelle impertinence!... » — Par exemple! En est-on moins belle, chères Limousines, pour avoir ses nerfs de temps en temps?... Le ciel conjugal surtout, sous peine d'être toujours uni, ne veut-il pas quelques nuages à son horizon? Il n'y a que les seuls élus du premier degré capables de sourire éternellement dans leur sempiternel bonheur.

Boudez un peu, Mesdames, je vous en supplie : vous n'en deviendrez que plus irrésistibles. Vous ressemblerez par cette pantomime à l'adorable *Tête d'étude* de Bonnat. Cette boudeuse vaut, à mon sens, toutes les écervelées des cinq parties du monde. Elle est pleine d'attraction cette piquante brunette ouvrant au public deux grands yeux ensorceleurs. Ce chef-d'œuvre de grâce et d'élégance, fondu dans le mystère des demi-teintes, fait rêver aux têtes de Greuze. La naïve simplicité s'unit dans ce visage à je ne sais quel air extatique donnant essor aux rêves de tout genre. C'est à la fois l'amour et l'ignorance, l'ingénuité et la contemplation. La figure est pleine, aussi ronde que son cadre. Les yeux, s'ils existent en ce bas monde, rajeuniraient par leur pur éclat les célèbres lieux communs de nos poètes. Il faut avoir passé par l'amour pour rencontrer un tel modèle : l'âme transparaît, le cœur bat les plus calmes pulsations sous la gorgerette de la candide enfant. M. Bonnat a fait preuve d'un rare sentiment poétique en créant cette petite tête, fort goûtée de tous les connaisseurs.

La boudeuse de Toulmouche n'appartient pas à la même famille. Il y a de la race, une élégante et fière distinction dans les traits de cette femme, dont il fait le type de chacune de ses toiles, et sans doute aussi le constant objet de ses rêves. Mais elle nous semble bien pâlotte la belle de Toulmouche! Le sang ne circule pas à l'aise sous l'épiderme; les chairs sont molles, la pose allanguie. Pour animer ce teint, il faudrait à la pâle jeune fille l'air pur de nos montagnes limousines. Il est vrai qu'elle reçoit une mauvaise nouvelle. Elle vient d'ouvrir une triste lettre où nous avons déchiffré ces mots : « *Ma chère…* ».

Rien n'est plus facile que d'achever le poulet à peu près en ces termes :

MA CHÈRE,

Je ne t'aime plus; m'aimes-tu encore? Les temps sont durs, et l'amour n'est pas éternel. Lis *le Moniteur,* mon infante : ton Oscar vient d'être nommé substitut à Bourganeuf, ville aussi charmante qu'absolument inconnue. On est en train de confectionner ma toque et ma robe. Adieu! *Aimons-nous en frères.*

OSCAR.... *ou* ARTHUR.

P. S. — Renvoie-moi le piano dans les quarante-huit heures. Je puis me marier d'un instant à l'autre à Bourganeuf, et les Pleyel, comme tu le sais bien, cher ange, sont exorbitants.

Une lettre si délicate, tournée de ce style enchanteur, est bien faite pour contrister Mme Toulmouche, dont l'extrême pâleur est mise dans tout son jour par la blanche rose qui orne sa coiffure. — Ce petit caprice est en somme une toile gentillette, bien composée et fort avenante.

Ce n'est pas la boudeuse indécise de Boutibonne qui manque de vermillon. Quel incarnat! quel luxurieux tempérament, plein de sève et de fraîcheur toute printanière. Le yeux de cette blonde incomparable sont noyés dans un azur éclatant. La main gauche et surtout le petit doigt transporteraient lord Byron et Juliette Récamier. Jugez un peu, Mesdames, de quelle dimension doit être le pied s'il est assorti à la main. Je suis sûr que Boutibonne ne peut avoir pris mesure d'un semblable pied et d'une telle main qu'avec une Limousine pour modèle.

Pourquoi l'intelligence ne circule-t-elle pas sur le front comme la vie bouillonne sur les épaules? On ne lit rien dans ces beaux yeux bleus, rien dans cette poitrine, que la passion ne soulèvera jamais. En voulez-vous, Mesdames, une éclatante preuve? — Comment une femme de bon ton, c'est-à-dire de bon cœur, ose-t-elle écrire sa correspondance amoureuse sur du papier cuisse-de-nymphe, à l'unique usage d'une lorette de septième étage?

Comme son illustre maître Winterhalter, qui s'applique de toute son âme à portraiturer ses automates couronnés, auxquels il escamote leur sexe, M. Boutibonne peindra tour à tour de jolies robes, des cheveux soyeux et de belles épaules, une admirable poupée en chair et en os, mais jamais une *femme* en esprit et en cœur.

J'aime mieux comme *sentiment* l'aimable fillette de M. Gardel (n° 140). La pauvre innocente baise son rouge-gorge côte à côte avec le faune impur de Bouguereau. Quel scandaleux voisinage! Le rouge lui en monte au front, et à vous aussi, chères Limousines.

La fraîche idée de cette idylle contraste heureusement avec les mythologiques amours de notre vilain faune. Pourquoi faut-il que je retrouve dans cette toile la même lâcheté de dessin, la même insouciance de l'étude et du modèle? M. Gardel fera bien d'aller à l'école de M. Bouguereau pour lui emprunter sa touche vigoureuse, sa ferme peinture, tout en répudiant ses ordinaires sujets, profondément antipathiques à la fine fleur de nos Limousines.

Mme Baraton, au contraire, étudie trop, travaille trop, aime trop la méthode, et n'abandonne pas assez son inspiration au vent du caprice. Sa *Toilette*

Pompadour est réfléchie, étudiée dans les plus minutieux détails. Marquise et soubrette, petit-maître montrant sa perruque derrière une draperie entrebaillée, bouquet, mouchoir sur le guéridon de gauche, collier et bracelet sur la psyché de droite, tout cela, jeté à peu près sur le même plan, est consciencieux, méthodique et correct.

Il faut avoir beaucoup vécu avec Watteau et Boucher pour traiter avec succès le boudoir et les petits-maîtres. Que Mme Baraton, si réellement intéressante comme femme du monde, prenne des modèles (décidément ils manquent en Limousin); qu'elle gradue ses insuffisantes perspectives, dont elle semble faire fi; qu'elle traite surtout les sujets classiques et élémentaires : alors l'artiste sérieuse et convaincue vaudra la femme du monde et la mère de famille : c'est notre vœu le plus ardent.

La *Comédienne* de Poncet, élève de Flandrin, a mieux composé sa toilette. Mais pourquoi ne pas représenter tout bonnement sous les traits malicieux de notre Augustine Brohan la piquante comédie moderne, dont elle tient le sceptre en souveraine inamovible?

La *Comédie* de M. Poncet est très-symbolique avec son masque à la main ; mais elle ne vaut pas, à beaucoup près, Mesdames, celle que je vais jouer en vous quittant brusquement comme un vrai boudeur.... Trop heureux si vous me faites la charité de bouder votre plus fin sourire jusqu'au prochain numéro!

A demain, Mesdames, et bonne nuit!

VIII.

LES SAVOYARDS.

Mendiant, — *Bergère*, — *Toilette du matin* (A. Antigna). — *Chercheuse de bois mort* (Mlle Hélène Antigna). — *Un air de flûte*, exécuté par Élie Delaunay.

Cinquième Épître aux Limousines.

MESDAMES,

Si vous êtes patronnesses de votre paroisse, vous visiterez avec grand plaisir deux pauvres de M. Antigna. Le jeune mendiant est moins déguenillé que la bergère. Adossé contre un tronçon de colonnade, il tend son chapeau aux bonnes âmes, qui vont y déposer, je l'espère, quelque menue monnaie.

Donnez, peu lui suffit :
Un petit sou lui rend la vie.

Les couleurs pauvres et trop uniformes de ces deux peintures fatiguent la vue en diminuant l'intérêt. Nos deux mendiants, si j'ose m'exprimer ainsi, n'éveillent dans nos cœurs aucune émotion esthétique. J'aime mieux les gueux du grand Callot, qui caricatura avec une si puissante originalité les vices ou les misères de tous les temps.

Antigna appartient à l'école dite réaliste ; mais il tient à honneur de différencier profondément avec l'illustre Courbet, puisqu'il est capable, à certaines heures, d'un vrai sentiment d'une grande énergie, comme dans sa *Toilette du matin*. Une pauvre fillette emmaillotte le petit frère avec une grâce exquise, une parfaite ingénuité. Cette petite toile vaut trois fois les deux savoyards, malgré leur triple dimension.

Mlle Antigna marche d'un pas certain sur les traces paternelles. Sa pauvrette a grand besoin de chercher du *bois mort*, tant elle semble gelée et déconfite.

Est-il permis d'oser se dire en même temps élève du grand Delacroix quand on brosse ses toiles avec une palette si peu coloriste ? Mais, hâtons-nous de le dire, le défaut de couleur n'enlève à Mlle Antigna ni la grâce de ses charmantes petites œuvres, ni le sens poétique dont elle nous semble si heureusement douée.

L'air de flûte dont nous régale M. Delaunay n'est pas enlevé avec beaucoup de *brio*. Ses deux pastoureaux, leur fidèle Médor couché à leurs pieds, s'endorment sous le charme d'une lente mélodie. Les couleurs sont ternes, le dessin vigoureux. Delaunay est élève de Flandrin : c'est assez dire qu'il se soucie fort peu de la couleur. De son côté, la couleur se soucie fort peu de lui : c'est un dédain réciproque.

Je vous recommande cette intéressante famille de savoyards, chères Limousines, persuadé que vous ne me pardonneriez pas d'avoir rencontré sur ma route une infortune sans la signaler tout aussitôt à votre inépuisable charité!

Inscrivez donc nos pauvres savoyards sur votre livre de dépense : vous serez payée au ciel avec usure.

Mes respectueux hommages!

IX.

LES NOCES.

—

Guérard et Ronot.

—

Sixième Épître aux Limousines

Où sont aujourd'hui, Mesdames, les noces et festins de Cagliari Véronèse? — Au salon carré du Louvre, et non à la galerie de Limoges. — Ces fêtes étincelantes que l'école vénitienne sut illuminer d'un éclatant pinceau sont remplacées de nos jours par des sarabandes *aux tons criards*, ressemblant à s'y méprendre aux prestiges d'une revue du Palais-Royal. Que représente au juste le tableau de M. Guérard? Une ballade, une kermesse, un dimanche à la barrière, une inauguration de chemin de fer, une noce?... Tout ce qu'il vous plaira. Les danseuses, les cuisinières, les groupes villageois, se heurtent dans la plus parfaite confusion. On se trémousse dans ce grand cadre que c'est à donner le vertige. Mais cette fausse animation pourrait bien être du pur désordre. Une foule moins compacte, moins de rouge, de vert et d'orange dans tous les tons, eût fait de cette toile une bonne étude champêtre. Telle que M. Guérard a prétendu la distribuer, ce n'est qu'un tourbillon de poussière, un chaos sans fin. Je renonce, pour ma part, à distinguer à l'œil nu ces Bourguignons, ces Bourguignonnes ballottés dans une ronde d'un kilomètre. Qu'ils en prennent donc tout à leur aise jusqu'à la clôture de l'exposition !

M. Ronot, au contraire, a mis en file tous ses personnages, cravatés, étriqués, mariés. Sa toile me rappelle *Célimare le Bien-Aimé*, ou la noce du *Chapeau de paille d'Italie*, ces indescriptibles pochades de Labiche. Prenez en détail chacune des heureuses physionomies bourguignonnes : elles vous charmeront, Mesdames, malgré la révoltante crudité de la peinture ; mais l'ensemble est laid, bourgeois, rebutant. Mariés, garçons d'honneur, cousins, cousines, toutes les fourchettes de la noce marchent en cadence, bras dessus, bras dessous, jambe de ci, jambe de là. Le noble habit noir, le digne chapeau-colonne, trônent dans tout leur éclat. Personne ne se plaindra, je l'espère, de la licence de cette honnête noce. Voilà bien l'*art habillé* de la tête aux pieds tel que le souhaitent certains amateurs. Cette estimable peinture est certes plus décente que le faune de Bouguereau. Elle charmera les apôtres qui prêchent l'interdiction du *nu*, tout en révoltant la *pudeur* des vrais artistes.

Ce n'est à aucun de vos mariages, Mesdames, qu'on vit jamais ces poses, cette démarche, ces couleurs, ces toilettes. Vos noces, il est vrai, ne se peuvent guère comparer aux tourbillons de MM. Guérard et Ronot. Pour éviter sans doute les bruits importuns, au lieu du plein soleil, vous aviez choisi l'heure discrète et mystérieuse par excellence.

Ma pendule compte la même heure : il est *minuit*. Bonsoir, Mesdames, et que vos rêves soient aussi constellés qu'au soir de vos noces !

X.

PORTRAITS.

Portrait de Puvis de Chavannes, — *Tête polonaise* (Ricard). — *L'Abbé Deguerry, curé de la Madeleine* (Lehman). — Portraitistes limousins : Mme Baraton et M. Saquet.

Septième Épître aux Limousines.

MESDAMES,

On prétend que, à l'âge d'or de la barbarie, lorsque le dernier artiste quittera ce bas-monde, la dernière œuvre d'art qui survivra au cataclysme universel sera le portrait d'une jolie femme. Si vous vous trouvez à cette heure terrible dans la vallée de Josaphat, le dernier portraitiste trouvera facilement son dernier modèle.

Quel art, Mesdames, que le portrait! Il veut à la fois l'étude, la vie, l'entrain, le recueillement, la ressemblance et l'embellissement de la personne qui prétend vivre sous votre pinceau. Or je distingue avec le plus sincère bonheur ces indispensables qualités chez les brillants portraitistes de notre exposition.

MM. Ricard et Lehman nous pardonneront, Mesdames, de commencer notre appréciation par l'œuvre limousine, où figure avec un certain éclat Mme Sidonie Baraton. Ils sont l'un et l'autre trop parfaits galants hommes pour s'offenser de cette préférence.

Mme Baraton a fait avec patience et talent le portrait de Mlle R*** (no 22). Je ne saurais préjuger la ressemblance, le modèle m'étant inconnu ; mais la belle jeune fille qui a posé devant le portraitiste limousin semble bien mal à l'aise dans sa robe de velours. Cette étoffe est, avec la moire antique, vous le savez par expérience, Mesdames, celle qui drape le mieux lorsqu'on sait la porter comme vous *avec une libre aisance*. Vous avouerez cependant qu'il faut se tenir aussi raide que le modèle de Mme Baraton pour que, ni dans la jupe, ni dans le corsage, ni même dans les entournures des manches, la robe ne forme le moindre petit pli. Ce velours étrique la taille élancée de la jeune fille au lieu de la bien marquer. Ce n'est pas tout : Mme Baraton a méconnu un grand principe en matière de portraits : — nul accessoire ne doit jamais fixer l'attention du public, tout l'éclat étant réservé pour la figure du modèle. Or Mlle R*** tient sur ses genoux une certaine tapisserie d'un rouge éclatant, mise sans doute tout exprès pour distraire la galerie en détournant les yeux du visage.

A côté de ces petites taches que Mme Baraton effacera désormais, j'admire de bon cœur le raccourci du bras gauche, parfaitement étudié. Posez donc nos Limousines, Madame, avec plus d'abandon et de nonchalance, pour qu'à l'avenir elles trouvent dans leur compatriote une artiste digne de copier leurs traits.

Je me disposais à juger très-sévèrement un émule de Mme Baraton, M. Léon Saquet, portraitiste limousin (no 317), lorsque certains détails biographiques, en m'inspirant pour l'homme la plus vive sympathie, m'ont empêché de dévorer l'artiste tout vivant. Au lieu d'une critique sévère, je me fais un devoir de relater la cause qui me désarme. Vous saurez donc, chères Limousines, que chaque soir votre compatriote M. Saquet désertait son lit en plein accès de fièvre pour saisir son pinceau d'une main tremblante, raffermie par une volonté de fer. L'insomnie du pauvre artiste lui faisait perdre, vous pensez bien, le sens des tons et des couleurs. Aussi ces robes vertes ou ferblantées n'appartiennent-elles à aucune nuance connue en ce bas monde.

M. Saquet a fait preuve d'un goût exquis, d'une modestie touchante, en remerciant la Commission d'un trop indulgent accueil. La critique imitera la bienveillante Commission en épargnant un artiste de talent qui lutte contre le mal pour élaborer son œuvre. C'est par une telle opiniâtreté qu'on a raison de tous les obstacles. — Monsieur Saquet, je prends acte de vos efforts, et je réserve mon jugement jusqu'à la prochaine exposition limousine.

Reconnaissez toutes, Mesdames, l'éloquent apôtre de la Madeleine, l'abbé Deguerry, jadis si particulièrement cher à Châteaubriand (nº **219**). Ce portrait d'Henri Lehman est ressemblant, très-correct, vigoureux de ton, faible de couleur. Quoique posée avec trop de prétention, la physionomie a un grand caractère, vraiment apostolique et sacerdotal. C'est, en somme, une toile correcte, sans chaleur, mais non sans un certain mérite.

Quelle unique occasion pour les artistes limousins (Mmes Baraton, Saquet et Gardel), avides de s'instruire dans l'art du portrait, que l'étude des deux toiles de Ricard! Quelle vie, quelle couleur dans l'obscurité des demi-teintes, quelle perfection embellit la tête forte et distinguée de Chavannes, harmonise le noble visage polonais de son proche voisin! Voilà comment on traite le portrait quand on en a, comme M. Ricard, la parfaite entente. Son incontestable talent se déploie chaque jour dans une immense envergure. Si, comme Winterhalter, il peignait uniquement des robes et des sceptres vides, toutes les têtes couronnées de l'Europe formeraient sa galerie. Mais il préfère, *l'insensé!* loger l'âme, le cœur, la vie de ses modèles dans chacune de ses vilaines toiles. Voyez respirer Chavannes dans tout l'éclat d'une parfaite santé! Examinez le front pâle, l'œil net du comte de ***. Il rêve sans doute à sa Pologne écrasée, à quelque parent pendu par le *saint apôtre* Mourawieff! Sans être ni plus belle ni mieux attachée que celle de Chavannes, sa barbe est plus longue, plus soignée, plus minutieuse. Pour ne pas appartenir à quelque bohème à tous crins de la mauvaise queue romantique, il faut que ces longs cheveux, presque plats, encadrent un tel visage, si calme et si noble dans chacun de ses traits réguliers. — M. Ricard n'a nul besoin de recourir au glacis pour harmoniser et fondre ses portraits, qui ont assez de vie et d'expression pour se passer de tout expédient.

Toutefois, Mesdames, il lui manque une chose pour régner en souverain dans le royaume du portrait : c'est... d'entreprendre le vôtre au plus vite. J'attends, pour ma part, cette série de chefs-d'œuvre et de frais visages avec la plus fébrile impatience. Ne faites pas trop languir votre respectueux serviteur.

XI.

DEUX PERLES PRÉCIEUSES.

La Bouillie de Laugée. — *Marguerite au rempart* de Tissot.

Huitième Épître aux Limousines.

MESDAMES,

Je réservais soigneusement pour ma huitième et dernière épître les deux plus charmantes œuvres de l'exposition, sinon les plus importantes. *La Bouillie* de Laugée, la *Marguerite au rempart* de Tissot, sont deux perles précieuses dignes de figurer dans votre écrin.

« L'admiration, dit Cousin, est à la fois pour celui qui l'éprouve un bonheur et un honneur. » — Or l'inflexible sévérité avec laquelle nous avons flagellé les œuvres mauvaises qui déparent notre galerie nous donne bien le droit, chères Limousines, d'admirer franchement, sans la moindre nuance de critique, les deux ravissantes toiles de MM. Laugée et Tissot. J'applaudis, pour ma part, sans réserve aucune, à l'inspiration délicate qui a si parfaitement servi nos artistes. *La Bouillie* est tout simplement un chef-d'œuvre de grâce et de parfaite ingénuité. Cette jeune mère faisant avaler à son chérubin sa première cuillerée de laitage respire un air de candeur, — je dirai presque de béatitude, — qu'elle communique facilement à la galerie. Appuyée sur une béquille, la bonne vieille aïeule, un doigt sur les lèvres, indique au marmot la saveur de son premier repas. Le pauvre malheureux, à peine sevré du sein maternel, semble goûter médiocrement cette nourriture, qui ne vaut pas à beaucoup près le régime lacté dont on a fini par le priver. Les gestes, les attitudes, s'harmonisent délicieusement avec un tel sujet, si simple, si poétique. Les couleurs, sans éclat, complètent la pensée de l'auteur, qui appartient désormais à la catégorie de nos plus élégants artistes.

Quant à M. Tissot, il est depuis long-temps déjà naturalisé Allemand. — « Parmi les peintres et les musiciens, dit Houssaye, j'ai découvert plus de francs poètes que parmi les poètes qui font des vers. » — C'est le cas d'appliquer cette juste réflexion au Germain Tissot. Il connaît à fond cette grande littérature allemande, qui toujours touche au ciel et jamais à la terre, qui plonge ses regards tour à tour dans le passé et dans l'avenir, avec le plus profond dédain du présent. Il a lu le dieu Goëthe, comme il doit se lire, en s'abîmant de cœur et d'âme dans cette magique inspiration qui enveloppe les plus ténébreuses passions de l'âme humaine. La proie de Faust, Marguerite, qui symbolise à jamais la candeur vaincue par l'astuce et l'orgueil, cet admirable sujet devait tenter M. Tissot, qui se rattache décidément à l'école d'Anvers, et continue la tradition germanique à la suite d'Albert Durer et d'Holbein. Il saisit les symboles allemands par un côté moins spiritualiste qu'Ary Scheffer, « ce *peintre des âmes* » selon Guizot; mais, pour être plus placide et moins inspiré, son talent ne manque ni de charme ni d'inspiration locale.

Marguerite au rempart est toute saisissante dans son immobilité, si près de l'extase. Les tons gris, multipliés dans les moindres nuances, loin d'effacer la perspective, la graduent sans effort, mais avec un délicieux effet. — Mille bravos au peintre nantais, qui s'approprie si complètement les mœurs allemandes! En reproduisant les insondables légendes germaniques, il est dans sa voie, dont il ne se laissera détourner ni par la jalousie des ignorants ni par l'aveugle critique des envieux sans avenir.

A présent qu'on vienne nous dire à Paris que la province ne compte pas un artiste, pas même un amateur! Les deux charmantes toiles dont j'énonce en quelques lignes les merveilleuses qualités ont fixé le choix de deux intelligents amateurs limousins. Félicitons le premier de posséder un semblable trésor. Quant au second, il nous permettra de lui dire, Mesdames, que, en encaissant *Marguerite au rempart*, il a réalisé la *meilleure recette* de sa vie.

Je m'arrête sous les remparts avec *Marguerite*. J'ai voulu vous consacrer, chères Limousines, les plus gracieuses pages de notre exposition. Ah! que je me sens indigne du moindre quart d'heure de vos lectures!... Est-ce ma faute du reste si, malgré mes pressantes invocations, je n'ai pas toujours eu le Saint-Esprit pour collaborateur? Lui seul, Mesdames, eût illuminé ma correspondance, que vous lirez, j'espère, avec un sourire indulgent.

XII.

LES MILITAIRES.

Hippolyte Bellangé : *Combat dans les rues de Magenta.* — Eugène Bellangé : *Combat de Koughil,* — *Halte de zouaves.* — Protais : *Deux blessés* (campagne d'Italie). — Combe : *Deux épisodes de la guerre d'Italie.*

Nous venons de parcourir en galante société notre galerie amoureuse. Or, en France, quand sonne l'heure du danger, il n'y a qu'un pas de l'*amour* au *combat*.

Ah ! quel plaisir, etc.

Echappons-nous donc des bras de Vénus pour nous enfoncer bien vite dans la mêlée.

Nos vrais bons peintres militaires s'inspirent quelquefois sur le champ de bataille, dont ils peignent les hauts faits avec orgueil et patriotisme.

Nous n'avons pas l'honneur de connaître M. Hippolyte Bellangé ; mais il doit avoir vécu de la vie de soldat, mangé le pain de munition, couché sous la tente, affronté le feu, avant de produire une bataille aussi saisissante, aussi détaillée, aussi complète que son *Assaut dans les rues de Magenta.* Honneur à lui ! Il n'a mis en évidence ni général ni état-major. Un bataillon de simples légers chasseurs, toujours sacrifiés par Yvon et son école à une douzaine d'aides de camp au panache multicolore, enlève une porte sous un feu nourri et meurtrier. La charge est furieuse, intrépide, toute française. Après avoir admiré l'ensemble décomposez le plus mince détail du tableau : voyez, au premier plan, ce *feu à volonté!* ce peloton enfonçant une porte avec la *furia francese* si redoutée de nos chers Autrichiens.

Sous le pinceau de Bellangé, l'anecdote de Magenta est vivante, complète, patriotique. C'est ainsi, Monsieur Véron, qu'on traite la peinture militaire.

La campagne de Crimée ne vaut pas à beaucoup près celle d'Italie dans la galerie limousine : cependant M. Eugène Bellangé a peint le *Combat de Koughil* et la *Halte de quelques zouaves* avec un talent distingué. La vie, la confusion, circulent à égales doses dans cette bataille (nº 34). Nous lui préférons les zouaves prenant quelques instants de repos et de fraîcheur dans une sorte d'oasis lombard (n° 35).

Protais est le poète-guerrier par excellence (n° **296**). Deux soldats qui viennent peut-être de s'entre-blesser à mort dans la mêlée d'il y a un instant se rapprochent en frères avant de rendre dans les bras l'un de l'autre le dernier soupir. La pensée est fort élevée, digne en tout du poète ordinaire des batailles contemporaines. Pourquoi faut-il que les couleurs soient noyées dans un épais brouillard qui obscurcit tout le tableau?

M. Protais n'est pas seul à traiter les scènes de bonne fraternité militaire. M. Combe livre à son tour aux soins généreux de ses ennemis un blessé autrichien : un soldat français tire de son biberon un verre de liquide, qui pourrait bien être de l'eau pure, tandis que deux camarades étanchent les plaies de l'agonisant. Applaudissons à leur charité. Mais pourquoi nos deux apôtres ne quittent-ils pas leurs pipes pour une pareille cérémonie? Nos troupiers soigneraient-ils par hasard les blessés ennemis avec un brûle-gueule bourré de caporal?

Les peintures militaires que nous venons de passer lestement en revue indiquent en somme que les vieilles traditions léguées par Gros et les siens se perpétuent au plus grand honneur du patriotisme français et de l'art contemporain.

XIII.

LES HISTORIENS.

MM. Caraud : *Louis XIV recevant Condé après la bataille de Senef.* — Gide : *Adieux de Sully à la cour de Louis XIII.* — Accard : *Arrestation de la duchesse de Marillac.*

Pour retracer d'une façon élégante et précise n'importe quelle page d'histoire, il faut au peintre, comme à l'historien, non-seulement l'intelligence profonde d'une époque, mais le sens particulier de chacun des personnages qui vont renaître sous sa plume ou son pinceau. M. Carraud s'est emparé témérairement d'une grande figure et d'un grand mot. Après la bataille de Senef, son dernier fait d'armes (1674), Condé venait déposer lauriers et drapeaux aux pieds du roi-soleil Louis XIV. Le vainqueur, torturé par la goutte, gravissait lentement les degrés de l'escalier de Versailles. Arrivé au pied du trône : — « Sire, dit-il, je demande pardon à Votre Majesté de la faire attendre si longtemps ». — « Mon cousin, reprit gracieusement le roi, quand on est chargé de lauriers comme vous, on ne peut que difficilement marcher. » — Cette entrevue célèbre, que M. Caraud prend soin *d'inscrire tout au long sur le livret*, mais qu'il abrége sur sa toile, exigeait une mise en scène large et savante. Or, sans être trop mal composé, le tableau est sec, minutieux, sans vigueur. Une crise de goutte ne pouvait courber à ce point le noble Condé, le vaillant soldat, le prince-artiste ami de Racine, Boileau et Molière. Les figures du premier plan sont trop alignées en file de courtisans pour fêter avec patriotisme le vainqueur de Senef. Les groupes effacés se remuent au contraire dans le plus parfait désordre. Les drapeaux troués, écharpés par les balles du prince d'Orange, ne représentent pas encore, malgré leurs débris, la guenille d'honneur percée à tous les jours par la mitraille. Ils se tiennent trop droit malgré leurs nombreux accrocs.

En un mot, nous reconnaissons avec peine dans l'œuvre de M. Caraud un Gérôme de seconde main, sans abandon ni vif coloris.

Sully faisant ses adieux à Louis XIII nous semble mieux distribué, plus historique (n° 159). A la mort d'Henri IV, le grand homme d'Etat qui administra si parfaitement les finances du royaume voulut s'éloigner de la cour de Louis XIII. M. Gide retrace ce brusque départ avec une suffisante exactitude de mise en scène. La reine-mère, dont le ministre était si mécontent, est assise sur le trône, tandis que Sully baise avec un religieux respect la main du petit Louis XIII. — Pourquoi, dans ces sortes de peintures, les costumes sont-ils toujours étriqués comme de véritables maillots? Quand on a le rare bonheur d'échapper à la peinture de l'habit noir, et d'être élève de Paul Delaroche, il faut mettre de l'air sous les pourpoints, une parfaite expression sur les visages.... des ministres en congé.

Si nous avions mené cette revue par ordre alphabétique, vous auriez depuis long-temps des nouvelles de M. Accard. On nous dispensera de nous étendre longuement sur sa toile historique. Bornons-nous à déclarer qu'elle nous plaît par l'expression des visages plus ou moins terrifiés et dramatiques. Le roman de Saintine *Une Maîtresse sous Louis XV* a fait presque tous les frais de ce tableau fort agréable : il n'y a, comme on le voit, aucun enthousiasme dans cette appréciation, qu'il nous faut abréger, tant nous sommes impatient d'arriver à nos excellents paysagistes.

XIV.

PAYSAGISTES.

PREMIÈRE SÉRIE. — LES POÈTES.

MM. Troyon, — Corot, — Lefortier, — Français, — Daubigny, — Donzel, — Castan, — Baudit, — Breton, — Dubouché.

M. Troyon caresse la nature en véritable amoureux fou. Il découvre les trésors de sa maîtresse avec la perçante intuition de l'artiste tour à tour charmé par les hautes montagnes, où l'âme se perd à force de s'élever, ou par les jeux du resplendissant soleil qui embrase chacun de ses paysages. Comment le public ne serait-il pas fasciné comme le peintre par cette éclatante lumière, par ces vivants animaux, par cette nature harmonieuse? La *Vue prise à Villers-sur-Mer*, dont le maître a honoré la galerie de Limoges, restera sinon dans un des salons de la ville, du moins dans l'âme transportée de tout ce qui chérit le grand art.

Voici la scène traitée par Troyon avec son charme ordinaire : — une cariole tout attelée débarque au petit jour sur le rivage de Villers. A droite, au premier plan, un couple de pêcheurs, postés au pied d'une cahute tenant lieu d'observatoire, guette sans doute l'arrivée de la cargaison. Non loin du bateau, une Fanchonnette perchée sur son âne entre deux panniers-mannequins rentre au hameau ou trotte au marché, tandis que deux agiles roquets prennent les devants au triple pas de course. Un troupeau de six bœufs, comme sut les peindre l'inimitable Troyon, s'achemine vers le gras pâturage sous la garde d'un seul conducteur, modestement effacé derrière ses bêtes. Telle est la simple inspiration qui a guidé le pinceau du maître sur le rivage de Villers. Il faudrait un talent plus descriptif que le nôtre pour retrouver sous la plume le charme exquis de ce paysage, où la pleine et demi-lumière est distribuée tour à tour avec éclat et modération. Quelques voiles noyées dans les lointains des derniers plans bornent le brumeux horizon, fondu peu à peu jusqu'aux invisibles teintes de l'estompe. A gauche, un groupe de peupliers paraît à peine le long d'une pente aux purs et harmonieux contours. La perspective est si parfaitement graduée le long de cette heureuse toile que l'œil peut aller du premier au dernier plan avec la même réalité que s'il venait de contempler le même paysage sur la rive de Villers-sur-Mer. La force de couleur, la plénitude de vie, le frappant relief des animaux, font de cette toile un pur chef-d'œuvre. Il est difficile d'élever plus haut le sens poétique et le sens naturel.

Se peut-il, hélas! que la nuit soit faite dans une âme si fortement imprégnée de force et de vie? L'espoir chrétien suffit à peine à consoler ceux qui pleurent un vaillant artiste à jamais perdu pour l'art contemporain.

Un autre poète que notre Corot!

.... Et te fecere poetam
Pierrides.....

Le plus déplorable malentendu crée entre l'artiste et son public une sotte mésintelligence qu'il importe de dissiper. Non-seulement la foule insignifiante, mais quelques amateurs éclairés s'obstinent à signaler la prétendue exagération toute conventionnelle du poète Corot. Or, selon nous, ce prétendu vice pictural fait sa force et sa plus incontestable originalité. Il faut accepter sans chicane ou rejeter sans pitié ce genre mystérieux. Nous goûtons fort, pour notre faible part, le charme secret, la tristesse délicieuse, les teintes crépusculaires de notre *faux paysagiste*. N'étant ni photographe ni réaliste, Corot laisse à Nadar le soin de clicher ses semblables, à maître Courbet l'honneur de reproduire, si bon lui semble, la *vraie nature* dans la plus infime de ses fonctions. Il se réservera toujours la meilleure part en entrevoyant un monde imaginaire qui vaut bien le monde réel. Or peut-on dire sans examen que Corot soit dans le faux? Le *sentiment* reste-t-il, oui ou non, la base des justes notions esthétiques? A quelque école qu'il appartienne, la mission de l'artiste n'est-elle plus d'épurer et d'ennoblir ses sujets, au lieu de les calquer platement? — On nous dispensera d'agiter des questions résolues d'avance par le bon sens artistique universel. Loin d'être faux et exagéré, le genre Corot n'est donc qu'une vivante protestation contre les pernicieuses tendances réalistes. La malsaine école qui sévit contre le goût contemporain en vrai fléau destructeur trouve en lui un implacable adversaire. Lui fera-t-on un crime d'avoir échappé à cette peste, qui, dans l'ordre intellectuel, remplace avantageusement le choléra-boudeur, enfui de la capitale? Quant à nous, nous le félicitons d'avoir persisté dans sa *fausse* voie. Nous aimons ce mystérieux talent, cherchant ses inspirations dans le silence et la demi-lumière. Qu'il incline sans relâche vers les mêmes contrées rêveuses dont son âme simple et naïve sait découvrir les mystérieuses harmonies. Le vulgaire aura beau gémir et nier la saisissante originalité de Corot, il ne l'arrêtera certes pas dans sa marche, de jour en jour plus assurée.

La preuve en est que les quatre toiles exposées à Limoges par l'éminent artiste sont à la hauteur de ses précédents chefs-d'œuvre. L'amateur quelque peu poète s'extasiera de grand cœur devant *le Concert à la campagne*, où l'artiste, franchissant les étroites limites du monde réel, a répandu cette ombre lumineuse qui vaut bien les pâles soleils de nos plus fougueux coloristes. Un bouquet d'arbres humides verse la fraîcheur du soir sur une bande de nymphes que ne désavoueraient ni Virgile, ni Châteaubriand, ni Goëthe, ni Fénelon. L'une d'elles fait soupirer les cordes de la basse, tandis que ses compagnes, à genoux sur la verdure, écoutent les divins accords de ce concert crépusculaire. — Telle la fille de Lasthènes, la noble martyre Cymodocée, chantait l'hymne virginal aux pieds du vaillant Eudore! — Ce serait une impardonnable et grossière erreur que de juger les poétiques silhouettes de Corot au point de vue plastique et linéaire. Elles sont à peine estompées, comme les immortels mannequins des Églogues de Virgile. Si le peintre les relègue dans l'ombre et le demi-jour, c'est précisément pour harmoniser le paysage dans un complet mystère. Quel sens auraient, au milieu de cette scène si délicate, si mystique, une demi-douzaine de villageoises taillées sur le modèle du *Décaméron* de Winterhalter? « C'est un paysage de Télémaque! » nous disait un amateur limousin aussi judicieux que prévenu contre la manière de Corot. — Un paysage de Télémaque ! Prenons acte de la déclaration. Certes la prétendue critique vaut mille fois le plus chaleureux éloge. Ne se rencontre pas qui veut avec notre Fénelon, qu'une inepte coterie moderne sans foi et sans art s'efforce d'amoindrir, comme le singe prétend critiquer par ses grimaces l'homme doué d'une âme immortelle.

Même claire poésie, même abandon, même noble insouciance du réel dans l'*Effet du matin* pris à Verneuil, dans la *Vue de Semur* et dans l'*Effet du soir*. Cette dernière toile cependant dépare tant soit peu l'exposition de Corot. Il y a beaucoup trop d'art et pas assez de relief dans ces arbres trop pleureurs et trop effacés en plein nébuleux crépuscule.

A côté de Corot, ses élèves favoris Lefortier et Français marchent dans les mêmes régions poétiques, en ayant soin toutefois de conserver chacun son accent tout particulier et tout original. *Le Bord de l'étang* (n° 215) est écrit d'un style large, fécond, inspiré. Deux vaches viennent s'abreuver sur le bord de cet étang, tandis que leurs pâtres les abandonnent sans doute pour un petit quart d'heure. Les arbres du premier plan sont touffus et bien éclairés; mais ils n'harmonisent pas entièrement cette scène, qui voudrait moins d'éclat et de coloris. Les lointains, pâles et noyés dans l'estompe, traduisent mieux la pensée du poète au style noble et pur. M. Lefortier glace trop ses paysages, qui n'ont aucun besoin du moindre frottis pour indiquer les contrastes : la perspective, bien graduée, suffit de reste. Mais il faut avoir la rage de fourrer partout la critique pour ne pas goûter sans restriction ce délicieux paysage, si noblement traité.

Nous apprécierons avec moins de zèle *la Matinée de printemps* (n° 216) : malgré son vif coloris et sa bonne exécution, cette charmante toile perd à faire vis-à-vis à *l'Etang* d'en face. Elle ne touche certes pas au même bord. Toutefois, pour mettre une nuance d'éloge entre les deux tableaux de M. Lefortier, hâtons-nous d'affirmer que les grandes qualités de sa première toile, supérieure à la seconde, ne diminuent en rien l'incontestable mérite de cette dernière.

M. Français complète Corot avec un entrain,

une vivacité, un coloris, qui lui appartiennent. Transportons-nous aux environs de Rome par une belle *Matinée d'automne*, la mieux nuancée des quatre saisons, véritable printemps des paysagistes. Un ruisseau traversé par un pont rustique serpente le long des touffes de verdure. Le ciel fuit dans une perspective savante ; les premiers plans sont frais et verts ; les bosquets lointains donnent les mêmes teintes pâles, indécises, que nous avons admirées dans la *Vue de Verneuil* (n° 94). Cette matinée d'automne est séduisante, fraîche et colorée. Mais nous oserons conseiller à M. Français la recherche d'un genre plus franc, plus personnel. Habile coloriste, il ne doit ni ternir ses lointains par des teintes trop visiblement empruntées à Corot, ni chercher les violents contrastes par l'exagération des premiers plans.

Son *Orphée aux enfers* (petit salon, n° 135) est un pur Corot. Sortirons-nous enfin du ténébreux empire des ombres pour peindre le soleil planétaire, ou même le simple crépuscule conventionnel? — Après le récit de Virgile, qui reste gravé jusqu'au dernier vers dans toutes les mémoires, il devient dangereux d'entreprendre la classique descente aux enfers. On risque de peindre tout bonnement un reposoir du Père-Lachaise.

M. Breton serait-il par malheur un faux poète?

Ce ciel gris, orageux, ces arbres pliant sous la rafale, ce terne feuillage enveloppé dans un tourbillon de poussière, ce paysage tout entier n'a aucun sens précisément poétique. En un mot, son *Mauvais Temps* (n° 70) pourrait bien n'être qu'un mauvais pastiche de Corot. Le *Soleil couchant* de M. Breton serait supérieur à sa première toile si les derniers feux de l'astre du jour n'étaient presque aussi pâles que ceux de la lune. Ce paysage, trop sec de ton, est néanmoins, dans son ensemble, une œuvre à peu près réussie, que peut signer en toute sûreté de conscience un artiste de la valeur de M. Breton.

Que de passion, que de puissance et de vigueur sur la toile de Daubigny (n° 109, petit salon)! *Sous les pommiers*, un troupeau de moutons, qui s'alignent un peu trop à la Panurge, rentre à l'étable vers la dernière heure du jour. Toute la scène est colorée, simple et séduisante. Cette meule effacée au dernier plan, ces tons mystérieux mais trop *glacés*, font de ce paysage une peinture sincère, intéressante.

Mais voici la grâce et l'élégance à côté de la force et du mystère. M. Donzel est depuis longtemps naturalisé Limousin : c'est le seigneur de la Vienne et du Taurion, dont chaque site porte le nom de ce peintre charmant, de ce gracieux poète, de cet homme aimable et distingué. — Avec des nuances et des gradations différentes, nous trouvons dans ses trois excellents paysages : *l'Ecluse du Poirier, les Bords du Taurion, les Bords de la Vienne* (nos **117**, **118** et **119**), le même charme, la même perspective, la même élégance, toutes les qualités, en un mot, qui distinguent et développent chaque jour son talent. — La *Chaumière dans la Creuse* offre des tons nouveaux, des teintes plus sombres, qui prouvent la variété du fécond artiste. Comme Troyon, comme Daubigny, comme Corot, il encourt le reproche d'exagérer la nature. Est-ce la faute de l'artiste si le soleil du Taurion luit avec tant d'éclat pour l'unique Donzel?

C'est un de ces rares et libres improvisateurs qui marquent du premier bond leur belle place au royaume des arts.

La vive sympathie que nous inspire son talent aussi distingué, aussi *naturel* que ses manières, nous dictera quelques conseils dont il est libre à son choix de faire son profit ou de faire litière : l'artiste qui traverse la vie sans sortir du *genre* ne comptera jamais au nombre des vrais élus dignes de laisser une trace en ce bas monde. Il faut l'ampleur, l'audace et l'élégance pour voler le feu sacré. M. Donzel a le charme inné, l'inspiration simple et facile... Qu'il agrandisse donc ses toiles en même temps que son horizon; qu'il se recueille pendant une année, quitte à manquer un salon ou une seconde médaille; qu'il sorte du genre pour embrasser d'un vaste coup d'œil les mystérieuses beautés, les sévères harmonies de la nature! La peinture décorative, par exemple, serait de son ressort; le parc est son domaine; le ruisseau murmure le long de ses toiles aussi poétiquement que dans la prairie. Il est donc facile de flairer en Donzel un grand décorateur à venir, pourvu qu'il travaille avec ardeur et sans impatience.

Appréciez-vous comme nous le remarquable tableau de M. Castan (n° 80)? Dans ce lumineux paysage, un ciel vif éclaire de ses feux ardents certain lac aux eaux trop colorées et peu transparentes. Une barque est ancrée sur la rive droite. Deux bouquets d'arbres encadrent une porte secrète, qui doit nécessairement servir les amours de n'importe quelle châtelaine. Un feuillage aux teintes pâles fait ressortir la vivacité du premier plan, derrière lequel il se trouve dissimulé. Sans atteindre le premier degré de l'échelle artistique, l'œuvre de M. Castan est, en somme, un bon tableau, fort estimé et fort appréciable.

L'amateur éclairé ne quittera pas la galerie de Limoges sans jeter un intelligent coup d'œil sur *l'Etang* de M. Baudit (n° 27). Un ciel orageux agite les eaux au clair de la lune *rousse*. Trois hérons mythologiques se mirent sans doute, chacun dans leur coin, dans l'onde peu transparente. La lune, à travers quelques arbres bien groupés, jette son ombre tout à l'entour. Il y a de l'étude et du sentiment dans cette peinture, qui dénote les progrès de M. Baudit, et fixe son talent.

Passons dans la petite annexe, dont M. Adrien Dubouché, *président de la Société des Amis des Arts du Limousin*, va nous faire les honneurs. Voilà un franc poète, qui marche dans sa voie avec un sens artistique et un talent tout personnels. On ne saurait imaginer tout ce que met d'originale poésie, de capricieux raffinement dans un genre rebelle à tant de médiocrités prétentieuses, notre artiste en *fusain!* Quelle couleur jaillit de ce charbon, que le profane vulgaire n'emploiera jamais, sans un effort surhumain, qu'à griller un beefsteak ou à crayonner un bonhomme! Passez en revue les quatre fusains de l'artiste, quatre chefs-d'œuvre! *L'Allée de Mimissou* fuit, sous l'œil charmé, le long d'une admirable perspective. — *Les Futaies de Jarnac*, plus claires, moins accentuées, s'élancent au ciel comme si elles voulaient l'atteindre. — *Au bord de la Vienne* et *Près de Lespinasse*, l'artiste armé de son charbon a trouvé deux effets transparents, limpides et des mieux venus. Les arbres se mirent dans les plus délicieux reflets que l'œil puisse contempler.

Arrêtons-nous à une simple mention pour ne pas blesser la modestie d'un homme qui aime mieux conquérir par ses œuvres qu'usurper par une vaine prétention ce nom d'artiste si cher aux incompris. Mais, s'il nous est superflu de louer des ouvrages qui se recommandent au grand jour par leur incontestable mérite, il nous sera bien permis au moins de rendre hommage à l'indépendante initiative de celui qui secoua la torpeur et l'indifférence pour initier sa province aux jouissances artistiques. Le succès de ses vaillants efforts nous dispense du reste d'applaudir plus long-temps le président de la Société limousine des Amis des Arts.

XV.

PAYSAGISTES.

DEUXIÈME SÉRIE. — LES CLASSIQUES.

MM. de Curzon et Paul Flandrin.

M. de Curzon soumet son inspiration aux grandes et sévères lois classiques, qui mènent moins haut, mais entraînent moins bas que le caprice sans frein. Le Vésuve fait irruption au dernier plan d'une belle toile où rien ne détonne. Une perspective savante, irréprochable; des teintes sans éclat, mais fondues avec un art souverain, donnent à cette scène imposante une physionomie austère il est vrai, mais un charme saisissant. Nul effet de couleur : des tons discrets, peu nombreux, mais tous assortis et homogènes, reposent l'esprit s'ils n'enlèvent l'admiration. Les amateurs qui dénigrent sans pitié les personnages de Corot apercevront sans doute avec plaisir la ligne et l'étude dans ceux de M. de Curzon. Seuls les hommes de l'art savent la difficulté d'assortir un paysage avec une telle perfection.

L'*Effet de pluie* est plus chaud de ton ; le calme du pinceau imprime à cette charmante toile une force, un caractère plus accentué que dans la *Scène du Vésuve*. Au premier plan, deux villageois blottis contre un rocher attendent sans doute la fin de l'averse. La femme est garantie par une corbeille d'osier, qui repose sur sa tête avec une grande solidité. Le feuillage du dernier plan est fondu et nuancé avec un art infini. En somme, ce petit paysage est supérieur à la belle *Eruption du Vésuve*. C'est assez dire qu'il nous semble digne de nos plus chaleureux éloges, digne surtout de M. de Curzon, dont le talent grandit et se distingue chaque jour.

Les Baigneuses de M. Paul Flandrin n'auront pas nos sympathies : que feraient-elles de nos éloges ces deux syrènes à moitié mythologiques posées dans un froid paysage, tout brûlant qu'il veut paraître? Est-ce là ce ciel d'Hyères si pur et si clément, qui prolonge les jours menacés de tous les pulmonaires européens? Il n'y a même pas trace de belle ligne et de pur dessin dans ce mince tableau d'un Ingriste fervent et soumis. M. Paul Flandrin a trop de talent pour renoncer à toute initiative personnelle en pliant son inspiration au caprice du grand despote. Si notre critique ne peut l'atteindre, nos éloges le poursuivront dès qu'il aura pris sa revanche. Quant à son *Bain*, loin de nous rafraîchir, il nous échaufferait le sang si nous le regardions plus long-temps. — Passons.

XVI.

PAYSAGISTES.

TROISIÈME SÉRIE. — LES RÉALISTES.

Un Épinard de M. Courbet.

Au seuil de la galerie, les *Saules pleureurs* du grand Courbet mouillent notre paupière. Nous éprouvons le besoin de jeter un œil éploré sur le chef-d'œuvre de l'immortel apôtre du réalisme contemporain. Le chef d'une telle école devrait borner le choix de ses sujets à certains animaux *très-réalistes*, qui font l'objet de nos divers concours agricoles. Les paysages du peintre d'Ornans n'ont d'autre âme, d'autre vie et d'autre allure poétique que l'allure et la vie de ces charmantes peintures où il peint avec délices la région centrale dont le nom seul choque les Anglaises. Guidé par ses inclinations indépendantes, il confond de parti pris le bas et le naïf, l'obscène et le naturel. Le ton de son paysage (n° **102**) est si bourgeois, si grossier que le cœur en est soulevé. Vous chercheriez en vain sur cette intéressante toile le pinceau fougueux, la vivacité, l'emportement, le *quid divinum* qui fait tout pardonner. Une débauche sans volupté, un déplorable réalisme, composent toute l'inspiration du grand homme, du peintre de la nature et *de l'avenir :* tout son art est de se montrer attentif aux plus tristes penchants de son époque en calquant la nature sous ses aspects les plus difformes. Un lustre ne s'écoulera pas sans que Courbet n'expose un égout représenté dans toutes les plus fines nuances. Or, pour goûter cet art *réaliste* et *naturel*, il faut un estomac facile, qui digère toutes les sauces. Une telle école, en un mot, flétrit l'art pour plaire aux sens.

Nous reconnaissons de vigoureuses qualités de dessin dans les *Saules pleureurs;* mais, comme, pour nous, l'*artiste* ne conquiert ce nom que lorsqu'il est parvenu à s'assimiler la nature par un côté spiritualiste, nous ferons peu de cas d'un mérite effacé par les plus saillants contre-sens.

Quand s'apercevra-t-on que l'école dite *réaliste* n'a rien de commun avec le grand art, le naturel et le bon sens? Elle n'a réussi jusqu'à présent qu'à reculer jusqu'à ses dernières limites, sous les auspices de son chef, la corruption du goût le plus faux dont l'histoire fasse mention. Courbet est à l'art ce que don Quichotte est à la chevalerie. Avant dix ans, sa peinture aura le sort de l'héroïque paladin, moins la verve et l'originalité bien entendu. Le *maître* est encore assez jeune, il a surtout trop de vrai talent et de caractère pour ne pas joindre bien vite à son génie d'observation et à sa dévorante activité un sens artistique plus noble et plus sûr. — Mais, hélas! notre prône aura probablement le sort des *Curés*, que l'apôtre considère comme son chef-d'œuvre. C'est au public à réprimer les écarts de Courbet en détournant la tête pour le saluer plus tard s'il a le courage de changer de direction. Jusqu'à cette date, lointaine et chimérique, la critique doit s'exercer avec la plus impitoyable sévérité, tant le génie du grossier révolte le cœur et abuse l'esprit!

XVII.

PAYSAGISTES.

QUATRIÈME SÉRIE. — PATRES ET LABOUREURS.

MM. Brion, — Armand Leleux, — Appian, — Brissot de Varville, — Veyrassat. — Bavoux, — Mercier.

La *Bergère bretonne* de M. Brion est une des plus charmantes toiles de la galerie. Le calme, le vrai, le naturel, distinguent cette peinture, aussi simple que parfaitement réussie. Ne cherchez point en Bretagne la moindre bergère de Watteau ou de Florian : M. Brion déteste la fausse pastorale précisément parce qu'il chérit la vraie nature. L'art de Georges Sand écrivant *Fadette* guide son pinceau, et le préserve du barbouillage. — Une modeste bergère, quenouille en main, garde un maigre troupeau, dont le plus tendre mouton ne vaut pas à beaucoup près la moindre côtelette de Saint-Léonard. La pauvre bergère est grillée par un soleil d'airain, tandis que le chien fidèle tire une langue aussi longue qu'altérée. Coiffe de cotonnade bleue, jupe et brassières de serge écrue, composent la toilette de notre Bretonne. Son visage respire la foi nourrie par l'isolement, la naïve résignation au même labeur quotidien. Il suffit du reste de jeter un coup d'œil sur cette excellente toile pour l'apprécier à sa juste valeur, c'est-à-dire sans restriction.

La Fenaison d'Armand Leleux contraste heureusement avec le cadavre de son *Capucin*. Il faut un étude patiente, un sens artistique bien développé, pour passer ainsi, sans la moindre transition, du grave au doux, de l'austère au champêtre. Troyon, Rosa Bonheur, ont fauché, fané, labouré les premiers. A peine eurent-ils pris, en pleine canicule, la route brûlante de la prairie, qu'une foule de pâtres, laboureurs et faneurs, les escortèrent en foule, armés de dards, fourches et râteaux.

La scène de fenaison est au complet sur la toile d'Armand Leleux. Un vaillant faneur, hissé tout debout sur la charrette, empile la récolte d'un bras vigoureux : celui-ci retient les bœufs pliant sous le faix; celui-là charge le foin, aidé de sa ménagère. Une paresseuse, assise sur le brûlant tapis de verdure, caresse de toute son âme un futur laboureur de trois ou quatre ans. — Les couleurs sont habilement broyées, claires, un peu chaudes. Tous nos faneurs, hommes et femmes, grillent, rôtissent en même temps que leur foin. M. Leleux devra chercher désormais des effets moins brûlants, sous peine d'incendier ses toiles; mais il n'augmentera jamais ni son entrain ni sa parfaite habileté de mise en scène.

L'Œil d'un bon maître en parfaite communication avec la nature apparaît dans l'œuvre de M. Appian. Un peu de sècheresse dans les tons n'enlève à cette excellente toile ni son charme ni son incontestable mérite. Le long d'une pente sablonneuse, un fermier, à cheval sur quelque honnête rossinante, surveille les travaux champêtres d'un œil qu'il nous sera difficile d'entrevoir, puisque notre régisseur détourne ses regards vers l'extrême horizon de gauche. — *Le Champ de blé* est conçu dans le même esprit vif, original. Ces beaux animaux, ces couleurs un peu criardes, forment un ensemble choquant ou harmonieux, selon les différents goûts du public :

> Sur les goûts, nous a dit un sage,
> Il ne faut jamais disputer :
> Tel à la brune rend hommage
> Que la blonde n'a pu charmer, — etc.

Examinerons-nous avec l'œil d'un bon maître

le Retour du Marché de M. Brissot de Varville? La simple bonne justice nous dictera une courte mais très-favorable appréciation de son tableau : c'est une excellente peinture, qui promet au pays un grand artiste de plus. Ayons donc l'œil fixé sur M. Brissot de Varville pour distinguer les succès que lui ménage l'avenir s'il se recueille, s'il réfléchit, s'il continue à faire de l'art, et non du commerce.

Les *Chevaux de halage* de M. Veyrassat restent, jusqu'à nouvel ordre, une de ses meilleures toiles. Le ciel est peut-être un peu tourmenté, les eaux de la Marne sont trop unies; mais ces légers défauts ne suffisent pas à déparer l'harmonieux ensemble de cette scène, touchée d'une main savante et surtout vigoureuse. Chaque coup de pinceau porte l'empreinte d'un talent mur et viril, qui sait trouver parfois dans ce genre la grâce, le charme, la simplicité. Son *Pâtre au bord de la mer*, par exemple (nº 343), est tout simplement un délicieux croquis, qu'une longue analyse ne pourrait que gâter sans profit pour personne. On ne décrit ni la grâce ni l'abandon quand on est assez heureux pour rencontrer ces divines qualités sur une toile de quelques centimètres. Examinons-la donc par un jour clair et sans bourrasque.

Un trop ardent crépuscule illumine *la Charrue* de M. Bavoux (n° 29). Où a-t-il pris ce crépuscule enflammé, sinon en plein Enfer du Dante ou sur les bords du Styx?

Fatigué de voir chacun de ses moindres vers servir de thème à la candide inspiration de tous les premiers prix de Rome, Victor Hugo inscrivit un jour en tête d'un volume poétique cet avis intelligent : « *Défense de déposer de la musique ou de la peinture le long de ces vers* ». — Certains peintres, qui dénichent leurs sujets dans les *Orientales* ou autres chefs-d'œuvre poétiques, feraient bien de lire l'affiche précédente, jusqu'au jour où le poète la fera placarder le long des galeries.

Baigné d'ombre sereine,
Le soir tombait :

l'ombre sereine qui rafraîchit la toile de M. Mercier nous semble au contraire brûlante comme un soleil de juillet. La perspective est assez complète, les nuances sont bien graduées; mais le cadre devient difforme et ridicule tant il est aplati. S'il veut prendre sa place au soleil, ou tout simplement au crépuscule, M. Mercier devra suivre long-temps encore et avec *profit* les leçons de son excellent maître M. Français.

XVIII.

PAYSAGISTES.

CINQUIÈME SÉRIE. — AU HASARD DE LA PLUME.

MM. Doyen, — André; — Mlle Léonide Bourges; — MM. Blin, — Villevieille, — Guigou, — Gall, — Gosselin, — Hanoteau, — Le Gentile, — Salzmann, — Imer, — Busson, — Lambinet, — Beaume, — Diaz, — Lansyer, — Maquart. — PETIT SALON : MM. Rosier, — Grenet, — Williot, — Le Poittevin, — Jongkind, — Goupil.

Sous peine de renvoyer aux calendes grecques cette revue déjà trop longue, et d'alourdir encore de plus en plus une lecture aussi accablante que les furieuses tempêtes de ces jours derniers, nous devons mettre un terme à nos faibles appréciations. Un peu de courage, trop patient lecteur! Remonte à l'entrée de la galerie pour en faire une dernière fois le tour avec ton ennuyeux guide, qui va juger de profil et sommairement une longue série d'excellents paysages.

Doyen : son *Chemin des Fermes à Wallée* (ne commettez point un détestable calembour) est une peinture claire, gentille, un peu sèche (n° 121). — André : son *Moulin du Puyreau* tourne dans un frais paysage, aux teintes bien nuancées (n° 6). — Mlle Léonide Bourges n'entend pas encore la perspective : un paysage d'un seul plan est sans vif intérêt (nos 62 et 63). — Blin ne s'enfoncera jamais dans le *Dessous du panier*. La réputation acquise et très-méritée de ce vaillant artiste nous dispense de tout commentaire (n° 49). — Villevieille est mort! vive Villevieille! De son vivant, il eût signé, *sans plagiat*, Metzu, Meissonnier, Lierris (n° 344). — Guigou s'est endormi en voyant *coucher le soleil* (n° 169). — Nous préférons *le Soir en automne* de Gall : ce tableau est irréprochable, moins la raideur (n° 138). — Quel brillant *Crépuscule*, Monsieur Gosselin! Qu'est-ce que cet aérolithe rouge qui tache votre ciel si bien illuminé (n° 163)? — Pêchez les *Grenouilles* dans *l'Etang d'Azy-le-Vif* et dans les environs de la Nièvre : M. Hanoteau, lui, pêche partout l'admiration des vrais connaisseurs (nos 171 et 172). — M. Le Gentile est un artiste convaincu, savant, un travailleur consciencieux, opiniâtre et fécond. En voulez-vous une preuve sans réplique? Examinez avec soin six toiles importantes envoyées à Limoges par ce vaillant artiste : deux étangs, une mare, un gué, une vue de Masfaraud, une fenaison, une seconde vue... de Ribagnac (n°s 231, 32, 33, 34, 35, 36 et 37). Vous reconnaîtrez aisément la savante facture, la science certaine d'un artiste sérieux. — M. Salzmann a trotté le long des *Ruines de Santa-Eusebia*, puis dans les environs de *la Via-Appia*, où se trouve, paraît-il, un vilain aqueduc en mauvaises *briques* (n°s 315, 316). Quelle tuile! — Imer aime la *pluie*, parce qu'il la transforme en superbe temps (n° 181). C'est un digne rival du pauvre Lantara, mort à l'hôpital. — M. Busson *chasse les canards* avec tant d'entrain qu'il réchauffe la nature en plein hiver (n° 73). — M. Lambinet (faites le calembour) a du talent, de l'entrain, de la réputation, peu de perspective (n°s 196, 197, 198). — Le *Cerf à l'eau*, relancé par une meute furieuse (n° 32), est un petit tableau de mérite. Qualités de M. Beaume (quel doux nom!) : minutie, étude, détails. — Voici l'incomparable coloriste Diaz de La Pena qui nous *abreuve* ou nous rafraîchit (n° 114). La toile un peu trop lestement brossée qu'il expose à Limoges ne donne pas la mesure de l'incontestable talent, de la puissante originalité de ce peintre, sans contredit le plus leste coloriste de notre temps. — Lansyer est élève de Courbet, qui partage avec son disciple sa parfaite distinction, sa spirituelle manière : aussi restera-t-il long-temps dans son *four au bord de la mer.* — M. Maquart n'est ni sans talent (il s'en faut) ni sans imagination. Ses trois tableaux, *Vue de Saint-Mesme*, — *Scène d'intérieur*, — *le Sichon près Vichy*, sont peints d'après un nouveau procédé qui appartient à notre artiste. M. Maquart est inventeur de la *plombagine.* L'emploi de cette bienheureuse plombagine sur papier-porcelaine permet de corriger le travail avec facilité. L'estompe, le crayon gras, la cire, le grattoir et la pierre ponce sont les instruments indispensables à l'exécution de ce genre difficile, dont le sûr effet est de simplifier le travail en aplanissant les difficultés de correction. Le public appréciera donc les résultats obtenus par M. Maquart au moyen de l'intelligent emploi de la plombagine.

PETIT SALON. — Jules Rosier expose et propose à la modeste admiration des amateurs indulgents ses deux toiles, où perce néanmoins un certain mérite : *Environs de l'Isle-Adam* (n° 310) et *Bords de la Touque* (n° 311), sorte de ruisseau qui traverse Trouville, cet Éden où tous les gens d'esprit vont bientôt se retremper. — Vos *Marais de Montigny-sur-Loing*, Monsieur Grenet, ont des teintes vertes un peu douteuses (n° 165). En revanche, vos *Environs de Fontainebleau* (n° 166) nous semblent une œuvre d'un vrai mérite, que nous signalons avec un véritable plaisir. — M. Williot est fantaisiste, fantastique, original. Que d'heureuses qualités ! Voyez son *Canal de Saint-Quentin* (n° 360), petite toile pleine d'agrément et de vive lumière. — M. Le Poittevin est un artiste fort appréciable et fort apprécié. Il estime son *Intérieur d'étable* une de ses meilleures œuvres. Est-ce apprécier ce tableau à sa juste valeur? Le public est juge. — Jongkind chérit l'aquatique Hollande. Son *Canal* (n° 185) est vif de couleur, charmant, tout neuf, original.

Le *Piqueur égaré* de M. Goupil (n° 164) est visible à l'œil nu. Il tient presque tout le tableau, et salue la galerie d'après les principes du plus gracieux clown. Ce petit caprice est trop mal compris pour être agréable.

En un mot, en parcourant cette série de paysagistes, nous sommes heureux d'avoir à distribuer plus d'éloges que de critique.

XIX.

LES ORIENTALISTES.

MM. Ziem, — Brest, — Berchère, — Magy, — Mouchot.

MM. Ziem, Brest, Berchère, Magy, Mouchot, ont tous rapporté de leurs voyages l'exacte impression de l'Orient. La *Vue du Liban* est une superbe toile pleine de force et d'effet décoratif, de chaudes couleurs, de profonde exactitude. Voyez s'élancer au ciel ces pins majestueux, grillés jusqu'à la cime. Une Maronite traverse d'un pas lent la plaine brûlante. Le ciel d'airain, la végétation luxuriante de cette grande contrée, se retrouvent sur la resplendissante toile de M. Ziem. Pourquoi faut-il que l'amer souvenir des massacres dont le Liban est le théâtre, à la honte de l'humanité, vienne se mêler à l'admiration éveillée par cette grande nature dans toute sa sève et dans tout son éclat?

Entrons avec M. Brest dans la *Grande Mosquée de*

Trébizonde. Laverons-nous à la turque ou savonnerons-nous à la française cette grande et bonne toile, qui nous initie aux mœurs et coutumes de l'Orient? La *Mosquée de Trébizonde* est trop penchée en arrière pour rester long-temps solide sur sa base; elle ressemble en outre au café Turc, où l'ablution n'est pas en honneur. La volaille qui jonche le premier plan est-elle morte ou vivante? Voilà qui est difficile à distinguer. — On retrouve dans chaque toile de M. Brest le fidèle compte-rendu de ses nombreux voyages. — Le *Bosphore* roule ses vagues le long d'une excellente petite toile, non loin de la *Mosquée de Trébizonde*. La *Cour dans le khan de la sultane Validé* est une scène orientale tracée de main de maître, avec la plus vigoureuse sûreté de pinceau.

Par où pénètre-t-on dans le *village de Zaachara près Memphis* (n° 39)? La porte est dissimulée avec l'art secret de n'importe quel cinquième acte de d'Ennery. Comment M. Berchère s'y prendra-t-il pour introduire dans son village tant de bétail et tant d'Égyptiens? Cette toile égyptienne est du reste fortement peinte et très-locale.

Les rues du Caire ne sont pas alignées comme la rue de Rivoli. Une sorte de pavillon plus ou moins égyptien compose tout le tableau de

M. Mouchot (n° 263). Il y a de la vérité, mais peu d'entrain et de relief, dans cette petite toile.

Quittons l'Orient avec *la Caravane* de M. Magy. Ces nobles chameaux enveloppés dans la poussière du siroco ont une fière tournure. Malgré notre répugnance pour la peinture caméline, n'hésitons pas à reconnaître franchement la valeur de cette majestueuse caravane. Dieu la conduise, et la garde d'étouffer trop tôt dans la fraîche galerie de Limoges!

XX.

LES HUMORISTES.

Jeune Pâtre de Palizzi. — *Anes* d'Haussi. — *Pastèques* et *Carrefour* d'Achile Zo. — *Famille de Chats* (Monginot). — *Femme de Saint-Jean-de-Luz* (Veyrassat). — *Coquette* de Richomme. — *Toilette* et *Marguerite* de Couder. — *Petite Dindonnière*, — *Émeutiers* (Adolphe Leleux). — *Course au trot* (Le More).

Cette charmante série offre à l'admiration des curieux, des humoristes, un grand nombre de toiles naines, pour la plupart fort gentilles. — Le *Pâtre* de Palizzi est un chef-d'œuvre de vérité, de parfaite exécution. — Il est impossible, Monsieur Haussi, de peindre des ânes plus spirituellement que vous ne l'avez fait. Ils sont quatre,... cinq avec leur ânier.... :

Le plus âne des *cinq* n'est pas celui qu'on pense.

Arrêtons-nous là, puisque, Dieu merci! nous n'avons pas charge d'ânes. — M. Achile Zo vous offre,

Mesdames, de savoureuses pastèques. Les deux acheteuses ont dans la tournure un faux air de ressemblance avec la prodigieuse Patti, qui fait tourner la tête aux Russes et aux divers Anglais des cinq parties du monde : c'est assez dire le charme, la grâce, la beauté diabolique de nos deux coquettes filles, vigoureusement brossées par leur peintre Achille Zo, dont vous avez admiré déjà, dans le petit salon, une autre toile ravissante : *Rue de Cibour* (n° **352**).

M. Charles Monginot vous présente une intéressante famille de matous en train de répandre sur le parquet une tasse de lait frais, qui vient de servir sans doute au déjeuner de ces messieurs. Ils ont tout l'air de méditer dans le plus religieux silence le célèbre argument d'Alphonse Karr : « Boire du lait fait mal aux reins, à moins qu'on ne prenne aussitôt un salutaire exercice pour faire une prompte digestion ». — Profitez du conseil, chats de Monginot!... Sauvez-vous bien vite, ou gare le martinet! Cette scène *intime* et *si parfaitement domestique* nous paraît charmante, sauf la nuance du lait, dont la teinte tire un peu trop sur le ferblanc.

La *Femme de Saint-Jean-de-Luz* ne craint ni le poids du jour ni le poids de la critique (n° **342**). Elle a trop de couleur et de tempérament pour redouter les atteintes du soleil ou le moindre coup de plume. — Bonne toile.

Les poupées deviennent de plus en plus chères : n'est-il pas vrai, Monsieur Richomme (n° 305)? Quant à vos toilettes et à vos marguerites, Monsieur Couder, sachez que le détail, la minutie, le soin et la patience ne suffisent pas toujours à constituer la perfection. On ne s'improvise pas Meissonnier : un seul siècle produit rarement deux originalités du même genre. — C'est ce que vous savez fort bien, Monsieur Adolphe Leleux! Quelle simple et tout aimable fillette que votre *Dindonnière*, si vraie, si séduisante au milieu de sa basse-cour! Au lieu de vous en tenir à cette charmante toile, quel triste démengeaison peut vous avoir inspiré vos trois féroces *Emeutiers*, qui feraient mieux de rentrer sous terre plutôt que de conspirer à Limoges en pleine galerie?

Voici M. Le More qui arrive au petit trot sur un médiocre cheval (n° 238) : sauvons-nous bien vite... au milieu des fruits et des fleurs.

XXI.

GENRE.

PREMIÈRE SÉRIE. — FLEURS, FRUITS ET GIBIER.

M. Rousseau; — Mmes Pauline Girardin, — Caroline Turge, — Alexina Cherpin, — Louise Arnal, — de Sibuet, — Le Marchand; — MM. Fleury, — Couder, — Lays, — Le Poittevin.

Avant d'entamer notre court chapitre sur les fleurs, vous trouverez bon, Monsieur Rousseau, que, suivant les préceptes de cette vieille galanterie française qui faisait de notre ancienne société la reine du ton, nous commencions par offrir un bouquet aux dames limousines. Depuis l'humble grisette jusqu'à la duchesse du noble faubourg, toutes les Françaises adorent les fleurs, à l'expresse condition de ne jamais respirer leur parfum à la campagne, sauf durant l'unique mois de juin, où elles sont toutes fanées.

Que d'aimables fleuristes ornent à l'envi le parterre de l'exposition limousine! Belles-de-jour, belles-de-nuit, amarantes, liserons, nénuphars, roses de toutes nuances,... héliotropes, hortensias, iris, immortelles, lauriers, muguets, myozotis, orangers, lis, perce-neige,... naissent en foule sous chacun de nos pas, dans une gracieuse *pensée*, tout le long de la galerie.

Lorsque Vénus, sortant du sein des mers,
Sourit aux dieux, charmés de sa présence,
Un nouveau jour éclaira l'univers :
Dans ce moment la *rose* prit naissance.

Respirons donc avec délices cette fleur, chérie de tous les poètes depuis la naissance de Vénus. Voici d'abord les bouquets de Mme Pauline Girardin. Elle sait assortir mieux que pas une, cette aimable fleuriste, le lilas et le bluet, les roses de Noël, les fleurs des bois, les primevères. Les moindres nuances de ses chères fleurs naissent sans effort sous son pinceau délicat, inspiré, tout adorablement féminin.

Mme de Sibuet chérit les nuances pâles, les teintes aristocratiques. — Est-ce un vilain défaut ou une charmante qualité? Elle devinera bien notre critique, si nous la fixons par ce symbolique langage des fleurs, en lui offrant ce bouquet : fleurs d'églantier, circée, fenouil, cactus, geranium et capucine.

Mmes Turge, Alexina Cherpin et Louise Arnal, forment une variété complète des plus jolies fleurs. Le public a trop bon nez pour ne pas apprécier sans guide les différents parfums de leurs roses, la saveur de leurs magnifiques raisins.

Salut à Rousseau, le fleuriste par excellence! Son bouquet est une des plus belles fleurs de la galerie. Nous recommandons aux apprentis fleuristes cette peinture si vigoureuse, au si puissant relief. Une douzaine de bouquets de cette valeur valent des fleurs naturelles, cueillies dans le parc d'un bon château.

Nous goûtons peu la saveur des fruits et gibiers de M. Fleury. Quant à la petite grappe de M. Couder, nous n'en ferons qu'une bouchée. — M. Lays(no 211, petit salon) sait composer un bouquet avec autant d'art que peu de naturel : ses pâles fleurs manquent d'éclat et de duvet.

Quelle Diane intrépide que Mme Le Marchand! Que de pauvre gibier tombé sous ses flèches! — Quant à M. Le Poittevin, qui braconne au seuil de la galerie en vertu du *droit du plus fort*, nous ne tremperons pas les mains dans son carnage : la chasse est interdite.

XXII.

GENRE.

DEUXIÈME SÉRIE. — ANIMAUX.

MM. Armand Dumaresq, — Paternostre, — Nicolas de Swertchkow, — Kiorboé, — Cathelinaux, — Constantin.

Que manque-t-il à M. Armand Dumaresq pour oser se dire le continuateur du grand Géricault? Tout et rien. — Il lui manque le souffle ardent, l'âme effrénée de l'inimitable auteur de *la Méduse*, ce dernier coup d'ongle en un mot, sorte de griffe originale, qui marque la profonde différence entre le talent et le génie. Au point de vue de la vigoureuse exécution, Dumaresq égale presque Géricault : *le plus mauvais des deux n'est pas celui qu'on pense*, ou plutôt ils fraternisent ensemble au banquet du grand art. Ce gros cheval rétif (n° 14) est admirablement peint. Pourquoi le fer du pied gauche est-il si mal posé que l'animal va trébucher bientôt s'il ne change pas de posture?

L'*Ecurie* de Paternostre (n° 281) est une bonne toile, mais trop peu vivante. Quant à son *Chevreuil*, quant à son *Jeune Renard*, étendus l'un et l'autre sur un tapis de neige ferblantée, ils ne nous prendront pas dans leur *piége*. Ces deux toiles sont indignes d'un artiste aussi haut placé que Paternostre. *Requiescat in pace!*

M. Nicolas de Swertchkow n'aurait qu'à s'inspirer du beau climat moscovite pour peindre les neiges, les glaces, la Sibérie, — la barbe et le cœur du grand-vicaire Mourawieff; mais il aime mieux peindre la nature, un peu froidement il est vrai, mais avec l'exactitude et la vigueur d'un fervent artiste original et convaincu. Les plus solides qualités apparaissent au premier coup d'œil sur la meilleure de ses deux toiles, le *Repos dans les champs* (n° 325). — Son pur-sang *Elington* (n° 324, petit salon) est un superbe animal, futur vainqueur du *Derby*. Il se repose, en attendant, tout à son aise dans la galerie de Limoges.

M. Kiorboé lance *un cerf au milieu des loups* suivant les préceptes de Paternostre. Avez-vous jamais aperçu, Messieurs les contemporains du grand hiver, des neiges de cette nuance? Quant à nous, nous n'en connaissons pas encore ; mais, pourvu que Dieu nous prête vie, nous l'apercevrons un jour ou l'autre cette neige originale. Votre chien, Monsieur Kiorboé, a de la race, du nez et des oreilles ; mais il nous semble trop gras, trop engourdi pour être apprécié par nos chasseurs.

Rentrons un instant dans l'*Ecurie* avec M. Cathelinaux (n° 81). Sans avoir beaucoup d'animation, cette toile est correcte, estimable. La *Chienne bassette* est un peu trapue ; mais, ne connaissant pas le modèle, il serait injuste d'en contester la ressemblance.

Il y a gros à parier que le public n'a pas encore aperçu l'excellente toile toute microscopique de M. Constantin (n° 89). Arrêtez-vous bien vite, Mesdames, devant cette *Basse-cour*, et ne croyez pas surtout au moindre *canard* en lisant notre courte appréciation d'une toile toute mignonne.

XXIII.

MARINES.

—

MM. Justin Ouvrié, — Anastasi, — Théodore Gudin, — Musin, — Mercier, — Bentabole.

Enflons les voiles de notre frêle esquif pour naviguer sur la vaste mer en compagnie des meilleurs pilotes. M. Justin Ouvrié nous conduira sur les digues célèbres de la Hollande. Voyez Amsterdam, sans cesse menacée d'une inondation si la moindre cheville de son rempart vient à se détacher. L'originale cité, bâtie au-dessous du niveau de la mer, brille au milieu des lumières réfléchies dans les flots du golfe de l'Y. Les reflets vifs et ardents fascinent l'œil, qui ne se fixera pas longtemps sur Amsterdam, sous peine d'être aveuglé. — La *Vue de Boppart* (n° 276) ne le cède en rien au port hollandais. Pour être d'une autre nuance, les flots du Rhin sont aussi lumineux que les eaux du golfe d'Y.

M. Anastasi navigue en Hollande avec la même habileté que le précédent pilote. Avec une tonalité différente, Amsterdam est aussi belle, aussi brillante sur la toile du second que sous le pinceau du premier. — Le *Canal hollandais* (n° 4) nous semble moins soigné, mais tout aussi vif de ton. En somme, M. Anastasi figure avec honneur dans la galerie limousine.

Si les amateurs ne sont pas illuminés, ce ne sera pas faute de soleils. Les deux *astres* de M. Théodore Gudin resplendissent dans le plus vif éclat. La fine manière de cet artiste trahit pourtant trop d'effort et de recherche. Qu'il veille à corriger ces petits défauts, que nous soulignons pour son profit.

M. Musin aura beau rêver à *la Méduse* de notre immortel Géricault, il ne réalisera jamais un songe creux : *la Méduse* ne se refait pas. Cette *Chaloupe de Blankemberg sauvant les naufragés de la Maria* manque de caractère suffisamment dramatique. Le ciel est lourd comme l'encre; les flots, trop épais, ne se soulèvent pas avec une vraie furie. — Fausse tempête.

Nos pêcheurs niçois sont bien heureux, Monsieur Mercier, d'être éclairés par ce brillant soleil, que nous préférons à l'ombre sereine de votre *Crépuscule.*

Mais voici la bonne *Marée basse* de Bentabole, qui nous surprend à l'improviste : sauvons-nous à toutes jambes sur la terre ferme.

XXIV.

DESSIN. — AQUARELLES. — PASTELS. — MINIATURE.

MM. Biennoury, — Humbert, — Pils, — Lami, — Fort, — Hamman, — de La Girennerie; — Mmes Delphine de Cool, — Besnard; — Mlles Marie de Lage, — de Maussion; — MM. Galbrund, — Borrionne, — Huas, — Henri Nicaud, — Lafargue.

Nous apercevons, au seuil et à l'extrémité de la galerie, deux échantillons d'art décoratif. Les futurs salons vert et rose de S. M. l'Impératrice seront peuplés, paraît-il, par la famille Biennoury. Amours bouffis et joufflus, nymphes enfantines, tout le frétin mythologique s'emmêle, se démêle, s'enlace, se délasse et se prélasse au milieu des cascades, corbeilles de fleurs et girandoles ordinaires d'un vrai paradis terrestre. Tout ce menu peuple est parfaitement dessiné, mais sans grâce aucune et sans abandon.

Nous préférons infiniment les superbes décorations de M. Humbert. Ses amours sont plus souples, plus déliés, plus élancés le long de leur guirlande enfleurie. Mais nous ne saisissons pas précisément le sens des trois canards qui se cabrent au premier plan avec un certain air d'importance.

Les aquarelles militaires de M. Pils prennent de jour en jour une désinvolture, une originalité de plus en plus saisissante. Il faut une verve soutenue, une grande légèreté de main, pour rompre la monotonie d'un genre qui offre à l'artiste si peu de ressources. Mais l'inspiration facile de M. Pils a vaincu toutes les difficultés de l'aquarelle. Son *Camp de Chalons*, son *Zouave*, son *Spahis*, son *Artilleur* surtout, prouvent la véracité de mes précédentes observations.

M. le capitaine de La Girennerie, élève de Pils et Meissonnier, absorbe un peu son individualité dans l'œuvre de ses maîtres. Le temps et l'espace nous manquent pour apprécier en détail sa charmante exposition. Occupons-nous donc, sans *tambour* ni *trompette*, de son unique *Polichinelle*. Cette répétition de Meissonnier est une œuvre charmante, finie, léchée dans les moindres détails :

Votre arlequin serait une perfection
S'il n'était, capitaine, une imitation.

M. de La Girennerie a le sens artistique sûr, distingué, infaillible. Ses appréciations des œuvres d'art en font foi. Qu'il cherche donc sa manière, son accent personnel ; qu'il poursuive sans relâche le *nescio quid* qui fait l'artiste. Pour dépasser la portée de l'amateur, il faut, dans cette pauvre vie, faire une large part à l'art sacré :

To be or not to be, that is the question.

Que M. de La Girennerie prenne garde à son incroyable facilité de main ; qu'il laisse la *copie* aux hommes sans talent, aux femmes désœuvrées. Il vaut mieux être de La Girennerie avec un grain de talent qu'un vif reflet de Pils et Meissonnier : *Aut Cesar, aut nihil.* — Nous pressentons que, s'il veut bien nous faire l'honneur de tenir compte de ces franches et cordiales observations, M. de La Girennerie est appelé à prendre sa belle place dans le charmant petit royaume des aquarellistes contemporains.

M. Eugène Lami est toujours vif, spirituel, plein de verve et d'abandon. *Louis XIV et Mlle de La Vallière* est un fin, un gentil chef-d'œuvre. Le *Corps de Douglas* (n° 199) nous séduit moins, malgré tout son mérite. Le drame n'est pas accessible à un genre léger, qui veut des sujets gracieux ou piquants. La même observation servira à

Juliette et Roméo de M. Hamman. Cet éternel symbole de l'amour sans réserve exige une allure plus poétique, un plus grand cadre. Il y a néanmoins de l'attrait, du mystère, dans l'œuvre de M. Hamman.

Pourquoi l'excellente aquarelle de M. Fort ne figure-t-elle ni dans le livret ni dans la galerie? Serait-elle arrivée trop tardivement? Nous l'avons aperçue dans le petit salon de M. Galatry, où le public ne la dénichera pas, puisque l'entrée lui en est interdite.

Mme Delphine de Cool, une Limousine, est un excellent peintre sur porcelaine. La *Naissance de Louis XIII* (d'après Rubens), le *Christ mort* (d'après Couder), sont deux bonnes peintures; mais nous remarquerons surtout la *Charité* (d'après Andrea del Sarte). Nous n'aimons rien moins que ce genre de peinture, trop raide et trop froid. Pour vaincre nos antipathies, il faut des qualités aussi saillantes que celles que nous apercevons dans l'œuvre de Mme de Cool.

Jetons, en passant, un fin coup d'œil sur les trois délicieuses miniatures de Mme Besnard....., trois chefs-d'œuvre d'art et de patience, dont un seul tiendrait aisément dans le creux de la main.

Que vos trois pastels sont parfaitement gracieux, Mademoiselle de Lage ! Le *Portrait de Mlle Bisot* est un pur chef-d'œuvre qui vous pose en maître. *Mme Cœdès* nous plaît moins, non parce qu'elle est plus vieille, mais parce qu'elle est trop noire. Raphaël reconnaîtrait sa *Vierge à la chaise* (n° 194). Pourquoi le malheureux ignora-t-il le pastel ?

Henri IV, Mademoiselle de Maussion, méritait de vous avoir pour portraitiste. Nous eussions voulu cependant plus de souplesse dans la pose du Béarnais vert-galant. Ce roi, le seul, paraît-il, dont le peuple français garde le souvenir, ne se douta jamais qu'on l'immobiliserait un jour sur une plaque de porcelaine.

Mentionnons encore le délicieux pastel de Galbrund, la *Jeune Fille à l'écureuil*, — le fusain de Borrionne, — les *Christs* de Huas et Lafargue, et le *Régent* de M. Henri Nicaud.

Le Limousin chérit le pastel et la peinture sur porcelaine, puisqu'il fournit presque seul la matière de ce court chapitre.

XXV.

ÉMAILLERIE MODERNE.

M. Marc Baud.

Le Limousin est la patrie des émaux dits de la *Renaissance*. L'Europe entière est inondée des chefs-d'œuvre de nos émailleurs et de nos peintres sur verre, dignes émules des Byzantins et du Genevois Petitot.

Dans son remarquable livre sur *Limoges au XVIIe siècle*, étude malheureusement écrite à l'unique point de vue religieux, M. Pierre Laforest effleure l'importante question de l'émaillerie limousine en ces quelques mots intéressants, que nous enregistrons avec un véritable plaisir pour la parfaite instruction de nos lecteurs :

« Dans la sphère des arts et de l'industrie, Limoges, au moyen âge, se signale par ses monnaies, son orfévrerie et *ses émaux*. Sous le nom d'œuvre de Limoges, *opus de Lemogia*, les émaux de cette ville étaient populaires dans toute l'Europe. Ils furent recherchés en Angleterre, et soutinrent quelquefois la concurrence avec les émaux d'Allemagne, qui en général l'emportaient par la correction du dessin. Notre savant et regrettable compatriote l'abbé Texier évaluait à *dix mille* le nombre des châsses émaillées autrefois répandues dans la seule province du Limousin. Suivant lui, l'*invention de la peinture sur verre pouvait être attribuée, sans trop de témérité, à nos émailleurs;* et Limoges, dans cette hypothèse, aurait doté le moyen âge d'un art qui, par la suite, concourut à la décoration de tous les grands monuments. »

M. Marc Baud embrasse l'émaillerie tout entière dans trois genres qui, jusqu'alors, loin de vivre ensemble, sont nés l'un sur les ruines de l'autre. Sa *Porte de tabernacle* et son *Ostensoir*, deux émaux cloisonnés ou byzantins, sont deux œuvres magistrales qui vont faire du vaillant artiste élève de Petitot un des chefs incontestés de l'émaillerie moderne. Le superbe portrait de M. Nicolas Bartholony est un émail du genre limousin, *opus de Lemogia*. La tête, calme, bien reposée, ressort sur un fond bleu, peut-être un peu cru de ton. La physionomie est imposante ; le front surtout, si bien dégagé par l'artiste, révèle la pensée constante d'un vigoureux esprit tendu vers les nobles travaux intellectuels.

Que peut-on admirer de plus gracieux, de plus parfait que les ravissantes syrènes et la caravane de M. Baud ? Le ciel de Genève, qui a inspiré Topfer et Petitot, communique seul cette vive lumière, cette claire et réjouissante poésie.

Souhaitons au courageux et savant émailleur, qui, pour ressusciter son art, a dû passer, comme tant d'autres par l'indifférence publique, une prompte renommée : elle sera la juste récompense de ses vaillants travaux et de son incontestable talent.

XXVI.

SCULPTURE.

—

MM. Carrier-Belleuse, — Le Veel, — Thabard, — Ferru.

Après Clesinger, Carrier-Belleuse reste le plus fougueux de nos statuaires contemporains : le marbre, le plâtre, la terre cuite, prennent sous ses mains des formes vivantes, parfois effrénées. Il improvise ses œuvres, comme Méry ses vers, en un clin d'œil.

Quoiqu'il fasse assez bon marché des bustes en terre cuite qu'il a envoyés à Limoges, M. Carrier-Belleuse nous permettra de les apprécier à leur juste prix. Voilà bien les traits de *Rembrandt*, dont l'œil magique perçait les ténèbres pour les illuminer avec l'éclair qui lui servit de pinceau. — *Mozart* est en Chérubin amoureux de toutes les femmes. Il a l'air de fredonner sa romance : *Qui peut me dire si c'est d'amour?* — La *Flore* à l'amoureux sourire posée en face d'une *Jeune Eplorée* forme un ravissant et délicat contraste. On ne se lasse pas de détailler ces deux figurines.

Votre statuette équestre de Marceau est fort belle, Monsieur Le Veel : pourquoi faut-il que, tout l'hiver dernier, nous ayons aperçu le même Marceau derrière la vitrine de certain étalagiste de la rue Bonaparte ?

Les deux œuvres sculpturales les plus importantes de la galerie sont la *Jeune Fille* de M. Thabard et l'*Esclave* de M. Ferru. La pose de *la Jeune Fille* est pleine de grâce et d'abandon. Le bras droit, qui retient l'urne sur la tête, s'enroule et se déploie avec un parfait naturel. Un corps bien étudié se dessine purement à travers le voile. Que M. Thabard dédaigne l'art allangui, indigne d'un véritable artiste, pour vivre avec Phidias pendant quelques années : il trouvera dans le culte de ce dieu l'ampleur vigoureuse qui lui fait défaut.

L'incontestable talent de M. Ferru commence à voir le jour. Il faut être né sculpteur pour produire des œuvres sérieuses dans une ville privée de modèles. L'*Esclave* de M. Ferru dénote les sérieux progrès du jeune artiste limousin. Des traits naïfs, une fraîche physionomie respirant la pudeur fait de sa statue une *œuvre d'art* digne en tout de ce nom. Les attaches du cou et des bras sont mieux soignées que dans les précédents travaux de M. Ferru. — Limoges a sous la main un artiste de valeur : qu'elle le garde dans ses murs. Pour le conserver, qu'elle l'occupe : il a fait ses preuves. D'Aguesseau, Dupuytren, Turgot, tout le panthéon limousin revivra sous son ébauchoir au premier signe de l'intelligente municipalité qui veille à tous les intérêts administratifs de cette ville. Qu'elle mène donc de front l'art et le mac-adam !

Loin de mériter la moindre mention, les autres œuvres de sculpture exposées à Limoges attestent tout simplement la parfaite mansuétude d'un jury trop clément, qui devrait se montrer implacable contre la médiocrité, et rejeter surtout impitoyablement tous les produits commerciaux.

XXVII

CÉRAMIQUE.

MM. Henri Ardant et Cie, — Amédée Alluaud, — Redon, — Lanternier, — Dufraisseix, — Pierre Gardelle; — Mme Nicaud; — MM. Dupuy, — Plainemaison.

Malgré leur incontestable mérite, les œuvres d'art en porcelaine exposées à Limoges sont en trop petit nombre pour faire honneur à la maîtresse industrie de la cité. Fort heureusement la qualité des produits céramiques vient compenser leur mince quantité. Nous imiterons donc les exposants en appréciant leurs œuvres d'art sans la moindre longueur.

Voici d'abord les superbes produits de MM. Henri Ardant et Cie. M. H. Ardant est un artiste convaincu, qui conserve dans une industrie malheureusement esclave du commerce le sens élevé de l'art le plus pur. Il sait à merveille qu'il peut donner essor à son imagination, cultiver son goût dans l'industrie céramique : son œuvre en fait foi. — Ses deux vases à décors bleus donnent à la porcelaine les qualités décoratives qui plaisent dans les faïences. Cet essai indique en outre une voie qui peut être suivie avec succès par les confrères de M. Ardant.

Les grands vases émaillés dont le col est supporté par des bacchantes jouant du tambour de basque sont deux magnifiques produits céramiques qui font le plus grand honneur au patron et à ses artistes. Ces vases représentent un des côtés propres à élever le niveau décoratif des porcelaines limousines.

Les plats à dessin vert-céladon cuits au grand feu sont l'œuvre d'un véritable artiste, M. Beissas, peintre sur porcelaine, qui a exécuté les dessins faits dans les ateliers de MM. H. Ardant et Cie.

Parmi les autres objets d'art et reproductions, nous remarquons la *Flore* d'après Carrier-Belleuse ; mais M. H. Ardant doit s'affranchir de ces fantaisies pour donner essor à l'initiative de ses modeleurs.

M. Amédée Alluaud recherche les décorations simples et distinguées : il suffit de jeter un coup d'œil sur son service de table pour se convaincre que ses intelligents efforts ont abouti à un entier et brillant succès. — M. Lanternier charge un peu trop ses peintures décoratives, du reste fort belles et irréprochables à l'unique point de vue céramique. — La corbeille blanche de M. Redon est une pièce superbe, un peu solide comme objet d'art. — M. Dufraisseix a exécuté avec un goût, une habileté de main remarquables, un charmant service à café. — MM. Pierre Gardelle, Dupuy, Plainemaison, Mme Henri Nicaud, complètent avec éclat cette petite exposition céramique, dont les produits devraient être vingt fois plus nombreux.

Nos grands fabricants nous permettront de leur dire que l'industrie céramique peut s'élever rapidement au rang d'un bel art à la fois noble et lucratif. Mais, pour atteindre promptement ce résultat, au lieu de déserter la lutte sous des prétextes de poltrons, il leur faut ouvrir le feu, et préparer dès aujourd'hui la prochaine exposition. Qu'ils laissent au marchand de statuettes les poupées et les figurines : nous voudrions admirer dans deux ans des œuvres magistrales dignes d'une cité qui s'inscrit la première au nombre des centres artistiques. Si nous avons le vif regret de n'emporter de nos porcelaines *artistiques* qu'une impression moyenne et peu satisfaisante, nous garderons du moins la ferme espérance d'avoir à constater un peu plus tard le fruit de nos modestes observations.

XXVIII.

POST-FACE.

—

L'ART EST UN BESOIN.

Souvenez-vous, cher lecteur, que nous vous avons épargné la moindre préface. Seriez-vous par hasard assez injuste pour donner ce nom aux quelques mots avant-coureurs qui précèdent notre pauvre revue? Il faut donc vous résigner à l'inévitable chapitre de fin; mais rassurez-vous, honnête lecteur, il sera probablement fort long.

Un coup d'œil rétrospectif sur notre galerie nous laisse la parfaite conviction que le noble but de la Société des Amis des Arts est atteint. Le sens du beau est depuis long-temps inoculé à Limoges; l'art en province est enfin réputé chose sérieuse.

Quant à ceux qui tiennent encore les jouissances artistiques pour les plus folles superfluités, comme notre pauvre dose d'esprit serait insuffisante à les convaincre, nous passons la plume à un des hommes les plus libéraux qui aient jamais paru dans le monde, à celui dont les travaux honorent le plus l'esprit humain, à Montesquieu. Puisque nous avons la rare fortune de retrouver nos chères idées chez un des maîtres de notre langue et de notre philosophie, hâtons-nous d'offrir au lecteur une telle caution. Dans le cours des *Lettres persanes*, le grave Usbek écrit à Rhédi :

« ..... As-tu bien réfléchi à l'état barbare et malheureux où nous entraînerait la perte des arts? Il n'est pas nécessaire de se l'imaginer : on peut le voir. Il y a encore des peuples sur la terre où un *singe passablement instruit* pourrait vivre avec honneur : il s'y trouverait à peu près à la portée des autres habitants; on ne lui trouverait point l'esprit singulier ni le caractère bizarre; il passerait tout comme un autre, et serait distingué même par sa gentillesse.

» Tu dis que les fondateurs des empires ont presque tous ignoré les arts. Je ne te nie pas que des peuples *barbares* n'aient pu, comme des torrents impétueux, se répandre sur la terre, et couvrir de leurs armées féroces les royaumes les mieux policés. Mais, prends-y garde, ils ont appris les arts ou les ont fait exercer aux peuples vaincus : sans cela, leur puissance aurait passé comme le bruit du tonnerre et des tempêtes.
.... »

Et plus loin :

« Quand on dit que les arts rendent les hommes efféminés, on ne parle pas du moins des gens qui s'y appliquent, puisqu'ils ne sont jamais dans l'*oisiveté*, qui de tous les vices est celui qui amollit le plus le courage.

» Je suppose, Rhédi, qu'on ne souffrît dans un royaume que les arts absolument nécessaires à la culture des terres, qui sont pourtant en grand nombre, et qu'on en bannît tous ceux qui ne servent qu'à la volupté ou à la fantaisie ; je le soutiens, *cet état serait le plus misérable qu'il y eût au monde.* »

Telle est l'opinion souveraine d'un homme qu'on n'accusera certes ni d'entraînement vers la fantaisie ni de lâche complaisance pour les vices d'un pays.

Un autre esprit calme et distingué, plein de recueillement et d'indépendance, M. Joubert, a tracé ces lignes, qu'il est de notre devoir de fixer ici :

« Loin de reléguer les arts dans la classe des superfluités utiles, il faut les mettre, dit-il, au nombre des biens les plus précieux. Sans les arts, il ne serait pas possible aux esprits sublimes de nous faire connaître la plupart de leurs conceptions ; sans eux, l'homme le plus parfait et le plus juste ne pourrait éprouver qu'une partie des plaisirs dont son excellence le rend susceptible et du bonheur que lui destinait la nature. Il est des émotions tellement délicates et des objets si ravissants qu'on ne saurait les exprimer qu'avec des couleurs ou des sons. On doit regarder les arts comme une sorte de langue à part, comme un moyen unique de communication entre les habitants d'une sphère supérieure à nous..... »

Ces deux irrécusables autorités nous suffiront sans doute pour communiquer à nos lecteurs limousins notre culte des grandes choses, c'est-à-dire du bel art.

En terminant, disons bien haut, et sans absurde modestie surtout, que nous avons été constamment au-dessous de notre tâche. Que les bons artistes oubliés devinent toutes les aimables choses que le temps et l'espace nous privent de leur consacrer!... Que les peintres sans valeur se gardent de sourciller ou de se plaindre de notre indulgent silence : nous leur donnons, avec indulgences plénières, l'absolution de toutes leurs mauvaises croûtes passées, présentes et futures.

En somme, la Société des Amis des Arts a installé à Limoges une très-brillante exposition. La *Léda* de Muller, l'œuvre magistrale de la galerie ; la bataille de Bellangé ; la *Vénus* d'Amaury Duval ; les paysages de Ziem, Troyon et Corot ; les toiles ravissantes de Laugée, Tissot, Landelle, Curzon, toutes ces excellentes peintures prouvent que le grand art peut encore fleurir dans notre cher pays. Jamais Limoges n'a vu pareille fête artistique, plus variée, plus complète. Ce résultat, dû à l'initiative de MM. Dubouché et Amédée Alluaud, prouve invinciblement que la routine et l'aveugle prévention peuvent être vaincues par les courageux efforts de quelques hommes dévoués aux grands intérêts artistiques d'une province. Qu'ils poursuivent donc leur route, en s'écriant avec Voltaire, qui donne le dernier mot de toutes ces importantes questions :

Asile des beaux-arts, solitude où mon cœur
Est toujours demeuré dans une paix profonde,
C'est vous qui donnez le bonheur
Que promettrait en vain le monde.

TABLE DES MATIÈRES.

LIMOGES. — IMP. CHAPOULAUD FRÈRES,
Rue Montant-Manigne, 7.

ERRATA.

Page 16, ligne 8, *au lieu de* « un chirurgien », *lisez :* « un aide-de-camp ».

Page 40, ligne 13, *au lieu de* « l'éclatant royaume spiritualiste », *lisez* « l'éclatant royaume de l'art spiritualiste ».

Page 68, ligne 11, *au lieu de* « le bras droit », *lisez :* « le bras gauche ».

Page 85, ligne 17, *au lieu de* « Mlle Antigna », *lisez :* « Mme Antigna ».

www.ingramcontent.com/pod-product-compliance
Ingram Content Group UK Ltd.
Pitfield, Milton Keynes, MK11 3LW, UK
UKHW022106260726
13993UKWH00001B/352

9 782329 292267